人邮体育

—— 功能性健身动作指导丛书 ——

弹力带

训练全书

崔雪原 ◎编著

人民邮电出版社

北 京

图书在版编目（CIP）数据

弹力带训练全书 / 崔雪原编著. -- 北京 ：人民邮
电出版社，2021.1
（功能性健身动作指导丛书）
ISBN 978-7-115-52974-9

Ⅰ. ①弹… Ⅱ. ①崔… Ⅲ. ①身体训练 Ⅳ.
①G808.14

中国版本图书馆CIP数据核字(2019)第291204号

免责声明

本书内容旨在为大众提供有用的信息。所有材料（包括文本、图形和图像）仅供参考，不能用于对特定疾病或症状的医疗诊断、建议或治疗。所有读者在针对任何一般性或特定的健康问题开始某项锻炼之前，均应向专业的医疗保健机构或医生进行咨询。作者和出版商都已尽可能确保本书技术上的准确性以及合理性，且并不特别推崇任何治疗方法、方案、建议或本书中的其他信息，并特别声明，不会承担由于使用本出版物中的材料而遭受的任何损伤所直接或间接产生的与个人或团体相关的一切责任、损失或风险。

内 容 提 要

本书首先介绍了弹力带训练的基础知识，接着采用专业运动员真人示范、分步骤图解的形式，对176个针对全身各部位的弹力带练习动作的目标肌群、锻炼步骤和动作要点进行了讲解。最后，本书提供了11个具有针对性的训练计划，旨在帮助有减脂塑形、提升运动表现和预防运动损伤等不同训练目标的读者获得理想的锻炼效果。

◆ 编　　著　崔雪原
　　责任编辑　刘　蕊
　　责任印制　周昇亮
◆ 人民邮电出版社出版发行　　北京市丰台区成寿寺路 11 号
　　邮编　100164　　电子邮件　315@ptpress.com.cn
　　网址　https://www.ptpress.com.cn
　　临西县阅读时光印刷有限公司印刷
◆ 开本：700×1000　1/16
　　印张：15　　　　　　　　　　2021 年 1 月第 1 版
　　字数：327 千字　　　　　　　2021 年 1 月河北第 1 次印刷

定价：78.00 元

读者服务热线：(010)81055296　印装质量热线：(010)81055316
反盗版热线：(010)81055315
广告经营许可证：京东市监广登字 20170147 号

目录

第1章　认识弹力带

第2章　肩部训练

第3章　胸部与背部训练

第4章 手臂训练

第5章　核心与腰腹训练

第6章　臀部与下肢训练

第7章　全身及爆发力训练

第8章　训练计划

第1章

认识弹力带

弹力带简介

来源与发展

弹力带是由乳胶制成的一种小型健身训练器材，在20世纪70年代就已被应用。弹力带最初被用在医疗康复领域，患者利用弹力带进行低强度抗阻训练来促进身体康复。如今，在市面上可以看到各种类型和不同阻力的弹力带，它们适用于各个年龄段以及不同健康水平的人群，深受健身及运动爱好者、受困于身体物理性损伤人群的喜爱。

主要应用领域

弹力带的主要应用领域包括医疗康复领域和健身领域。

在患者康复过程中，肌肉力量的恢复和提高尤为重要。为了提高肌肉力量，患者需要进行不同程度的抗阻训练。20世纪70年代中期，一些外科医生发现医疗中使用的橡胶管具有质地轻、长度易调整的优势，他们将这些橡胶管系在患者床头，并通过调整尺寸来获取不同阻力的方式帮助患者进行康复训练，从而达到增强力量的预期效果。后来，这些橡胶管逐渐演变为各种阻力、各种尺寸和各种颜色的弹力带，并在医疗康复领域得到了更广泛和更深入的应用。

此外，近年来，弹力带在传统健身领域的应用也得到了进一步的认可和推广，这是因为人们通常会采用逐渐增加负荷的方式来进行抗阻训练。随着负荷的不断增加，肌肉所承受的压力越来越大，肌肉功能也会越来越强。这种通过逐渐增加阻力使肌肉受到刺激并逐渐适应的训练方法被称为"渐进式负荷训练"，而弹力带正是这种可以提供持续、可调节阻力的训练工具，且具有方便携带的优点。

弹力带训练

弹力带训练的作用

如果正确使用和坚持训练，一根小小的弹力带也会给你带来意想不到的收获。它不但能使你的体格变得更加强壮，还能提升身体的各项健康指标。

1. 增加肌肉力量和骨骼强度。强健的骨骼和肌肉力量是相辅相成、互相促进的。骨骼强度依赖于骨密度，而有力的肌肉、充足的运动量能很好地促进人体对钙的吸收，从而提升骨密度。弹力带可提供不同强度的阻力，这一特质在提升肌肉力量的训练方面极具优势。

2. 增加肌肉维度。肌肉维度也就是肌肉横截面的大小。在训练中加入弹力带，可以增加训练的阻力，给肌肉带来更多的刺激，起到增加肌肉维度的作用。

3. 提升肌肉控制力，改善身体平衡。如果想掌握弹力带的弹性，练习者在训练时就必须专注于力量和速度的控制，肌肉需要随着弹力的改变不断提升控制力，同时掌握好身体平衡。

4. 改善新陈代谢和血液循环系统。弹力带可以和多种器材组合使用，给训练带来更多变化和乐趣。而多样化的训练，有助于提升新陈代谢水平，促进体内的血液循环。

5. 提升身体柔韧性。弹力带训练可以是局部的，也可以是全身性的。弹力带的延展性可以使四肢和躯体充分打开、翻转，提升身体柔韧性，还可以使关节更加灵活。

弹力带的训练优势

相比于其他运动器材，弹力带具有以下优势。

1. 弹力带的适用人群广。无论对患有伤病需要进行康复训练的人，还是高水平的专业运动员来讲，弹力带都是很好的锻炼工具。

2. 与那些大型的、沉重的健身器械相比，弹力带使用起来更加方便，而且练习范围也更加广泛。小小的空间就可以满足人们使用弹力带训练的需求，家中、办公室都可以，不用专门去健身房，甚至出差时也可以随身携带。事实上，大部分健身器械所能完成的训练用一个弹力带就能够完成。

3. 弹力带可以使训练分阶段地进行。弹力带有不同的规格，练习者可以根据自身力量的进阶水平，逐渐选择阻力更大的弹力带。而在练习者受到伤病困扰时，还可以通过调节阻力，进行康复训练。

4. 弹力带的锻炼角度广泛。弹力带良好的延展性，可以使练习者从不同角度来锻炼肌肉，包括向心训练、离心训练等。

弹力带训练的注意事项

虽然弹力带训练有诸多优势，但是在使用时，也要注意正确的训练方法，否则不但起不到相应的作用，甚至会造成运动损伤。

1. 制定适合自身情况的训练计划。

每个人的身体状况不同，使用弹力带训练前，需要根据自己的健康状况来设计、调整和优化训练计划。另外，对于关节部位有病痛的人群来说，首先要进行1～2周的模拟弹力带动作训练，即不用弹力带，仅仅做出弹力带训练的动作，让肌肉对动作进行记忆。这样做，可以使正式使用弹力带训练时的训练效果更好，同时也防止关节的再次受伤。

练习者还可以根据训练目的来制定训练计划，比如男士为了增加肌肉维度，可以采用阻力大、次数少的训练计划；女士为了使身体看起来更纤细，可以采用阻力小、次数多的训练计划。

2. 选择合适阻力的弹力带。

每个人的肌肉力量不同，适合进行训练的弹力带阻力也会有所不同。很多练习者只使用一个弹力带来训练，这样做是可以的，但并不科学——因为身体部位不同，对训练所需阻力的要求也不同，比如训练肱三头肌时，需要使用阻力小一些的弹力带，而在做胸前推的复合训练时，则需要使用阻力大一些的弹力带。

3. 训练姿势。

训练时要保持正确的姿势。

（1）抬头。我们在生活中，由于长期的不良坐姿，很多人会形成头部前伸的习惯。

如果这个姿势也保留至训练过程，颈椎的生理弯曲就会被人为地改变，引起颈椎周围肌肉的僵硬，以及颈椎退化。因此，在使用弹力带进行训练时，要保持头部抬起，同时下颌微微内收。

（2）挺胸。人体在挺胸并保持肩部放松的状态时，身体的关节刚好处于最合适的位置，保证关节在训练期间正常运转，不会产生磨损。

（3）收腹。收紧腹部的同时保持背部挺直，可以增加动作的稳定性。

（4）膝关节和脚尖的方向保持一致。如果膝关节和脚尖方向不一致，膝关节在训练中会不自觉地产生扭转，造成运动损伤。如果方向一致，身体稳定性会更好，训练效果也更为显著。

4. 2小时原则。

在运动完2小时后，虽然肌肉可能会有轻微的酸痛，但关节和肌肉的疼痛不应该越来越严重。如果疼痛超出可承受范围的话，可能是训练的方式有误，或者弹力带的选择有误。下次训练时，需要对训练内容做出调整。

5. 训练前要热身。

训练前进行热身，可加速血液循环，调动身体机能，以适应训练需求。

6. 保持呼吸。

任何时候都不要屏住呼吸，否则会使血压增高，引起头晕或其他不适。

7. 有规律地进行训练，每周训练2至3次。

8. 有控制地进行训练。

首先要控制动作幅度不要超过关节活动的最大范围；其次要缓慢、有控制地执行动作，不要让弹力带回弹速度过快。

9. 其他注意事项。

指甲不要太尖太长，避免划破弹力带。定期检查弹力带，避免使用有破损的弹力带等。

弹力带的选择

选择适合自己的弹力带，也是一件重要的事情。一般来说，练习者可以从以下几个方面进行考虑，对弹力带做出选择。

1. 颜色。制造商对于弹力带的阻力设置并没有统一的标准，但可以从弹力带的颜色来比较它的强度和阻力。颜色越浅，阻力越小；颜色越深，阻力越大。比如粉色和黄色的弹力带颜色最浅，阻力最小；绿色和红色的弹力带颜色稍深，阻力中等；黑色和灰色弹力带颜色最深，阻力最大。在选择时，在考量理论阻力的基础上，还要多试拉一下，根据自身的感觉，选择阻力最合适的弹力带作为训练工具。

2. 外形。弹力带的外形有两种，一种是薄平的带状，这种形状最为常见；另一种是管状，也被称为弹力管。带状的弹力带，可以根据自己需要的长度进行切割，使用完可以卷折起来，携带很方便，还可以单独购买手柄与其进行组装。管状的弹力带更粗，带有手柄，末端更为牢靠和稳固，也更加耐用。

一般来说，如果没有进行过抗阻训练，最好先选择弹力带，然后再进阶到用弹力管训练。

第2章

肩部训练

弹力带 – 站姿 – 单侧肩关节前屈
Resistance Band–Standing–Single Arm Shoulder Joint Front Raise

STEP ▶▶▶
01

目标肌群 Primary Targets
三角肌前束

指导要点 Tips
保持核心收紧和身体稳定，不要
耸肩。

动作步骤 Execution

01 身体直立，双脚分开，与肩同
宽，双臂自然下垂，单手紧握
弹力带一端，掌心朝内，弹力
带另一端固定在同侧脚下，保
持弹力带有一定张力。

02 ~ 03
保持身体姿势不变，手臂向
前向上抬起呈前平举姿势，
将弹力带一端提升至与肩部
平齐的位置。

01 回到初始位，重复规定次数。

STEP ▶▶▶
02

STEP ⯆
03

肩关节前
屈至与地
面平行

弹力带 – 站姿 – 单臂前平举

Resistance Band-Standing-Single Arm-Front Raise

目标肌群 Primary Targets
三角肌前束、中束

指导要点 Tips
保持核心收紧和身体稳定，不要耸肩。

动作步骤 Execution

01 身体直立，双脚前后分开，前脚踩住弹力带中间，双手分别紧握弹力带两端，掌心朝下，双臂伸展，一侧手臂向前抬起至与地面呈45度角，另一侧手臂垂于体侧，保持弹力带有一定张力。

02～03 保持双臂伸直，前侧手臂继续向上抬起呈前平举姿势，将弹力带一端提升至与肩部平齐的位置。

01 恢复至起始姿势，重复进行规定的次数。另一侧手臂上抬时也是同样的动作要求。

STEP ▶▶▶ 01

STEP ▼ 02

STEP ▼ 03

单臂向前平举

弹力带 – 站姿 – 双臂前平举

Resistance Band–Standing–Double Arms–Front Raise

STEP ▸▸▸
01

目标肌群 Primary Targets
三角肌前束、中束

指导要点 Tips
保持核心收紧和身体稳定，不要耸肩。

动作步骤 Execution

01 身体直立，双脚前后分开，前脚踩住弹力带中间，双手分别紧握弹力带两端，掌心朝下，双臂伸展并向前抬起至与地面呈45度角，保持弹力带有一定张力。

02 ~ 03 保持双臂伸直并继续向上抬起呈前平举姿势，将弹力带两端提升至与肩部平齐的位置。

01 恢复至起始姿势，重复进行规定的次数。

STEP ▾
02

STEP ▾
03

双臂同时向前平举

弹力带 – 哑铃 – 站姿 – 双臂前平举

Resistance Band–Dumbbell–Standing–Double Arms–Front Raise

目标肌群
Primary Targets
三角肌前束

指导要点
Tips
保持核心收紧和
身体稳定。

动作步骤 Execution

01 身体直立，双脚分开，与肩同宽，并踩住弹力带中间。双手分别紧握一只
固定住弹力带一端的哑铃，双臂自然下垂，保持弹力带有一定张力。

02

保持双臂伸直并向前向上抬起呈前平举姿势，将弹力带两端提升至与肩部
平齐的位置。

01 恢复至起始姿势，重复进行规定的次数。

STEP 01

STEP 02

双臂向上抬起向前平举

弹力带 – 站姿 – 单臂侧平举

Resistance Band–Standing–Single Arm–Lateral Raise

目标肌群 Primary Targets
三角肌中束

指导要点 Tips
保持核心收紧和身体稳定，不要耸肩。

动作步骤 Execution

01 身体直立，双脚前后分开，前脚踩住弹力带中间，双手分别紧握弹力带两端，双臂伸展，一侧手臂向侧面抬起至与地面呈45度角，掌心朝下，另一侧手臂垂于体侧，保持弹力带有一定张力。

02 ~ 03 保持双臂伸直，向侧面抬起的手臂继续向上抬起呈侧平举姿势，将弹力带一端提升至与肩部平齐的位置。

01 恢复至起始姿势，重复进行规定的次数。另一侧手臂上抬时也是同样的动作要求。

STEP 01

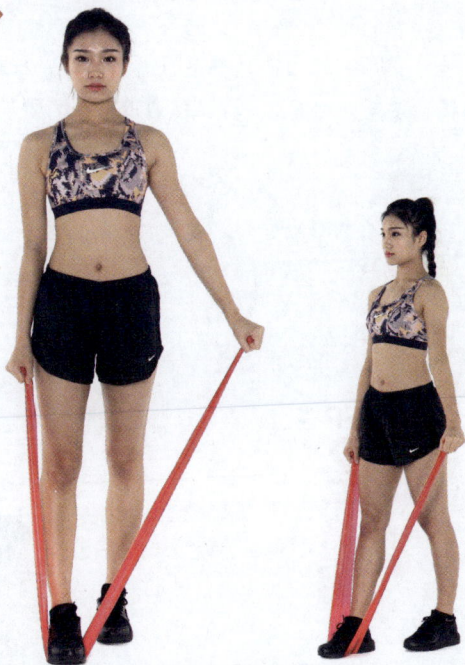

STEP 02

STEP 03

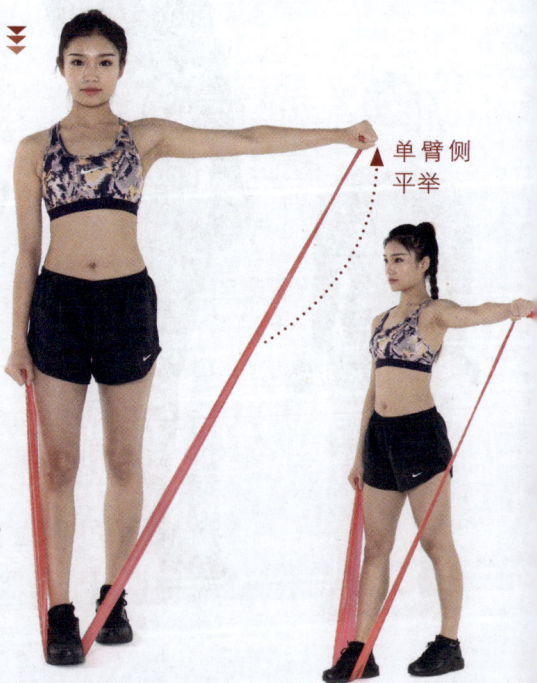

单臂侧平举

弹力带 – 站姿 – 双臂侧平举
Resistance Band–Standing–Double Arms–Lateral Raise

目标肌群 Primary Targets
三角肌中束

指导要点 Tips
保持核心收紧和身体稳定，不要耸肩。

动作步骤 Execution

01 身体直立，双脚前后分开，前脚踩住弹力带中间，双手分别紧握弹力带两端，双臂伸展并向侧面抬起至与地面呈45度角，掌心朝下，保持弹力带有一定张力。

02 ~ 03 保持双臂伸直并继续向上抬起呈侧平举姿势，将弹力带两端提升至与肩部平齐的位置。

01 恢复至起始姿势，重复进行规定的次数。

STEP ▶▶▶ 01

STEP ⯆ 02

STEP ⯆ 03

双臂同时向两侧平举

23

弹力带 – 站姿 – 单侧肩关节外展 – 外旋位

Resistance Band–Standing–Single Arm–Shoulder Joint Lateral Raise–External Rotation

STEP ▶▶
01

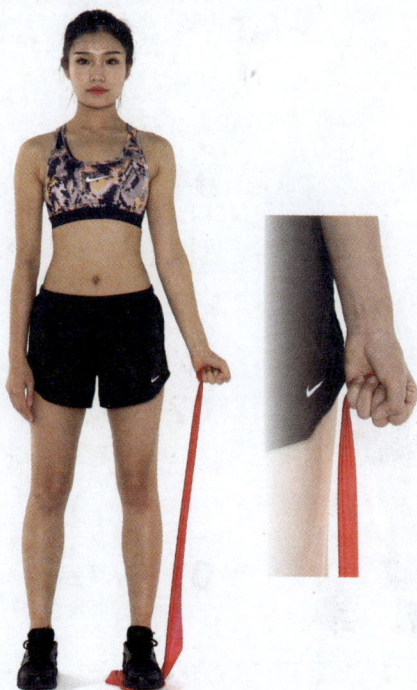

目标肌群 Primary Targets
三角肌中束、前束

指导要点 Tips
保持核心收紧和身体稳定，不要耸肩。

动作步骤 Execution

01 身体直立，双脚分开，与肩同宽，双臂自然下垂，单手紧握弹力带一端，掌心朝前，弹力带另一端固定在同侧脚下，保持弹力带有一定张力。

02 ~ 03 保持身体姿势不变，手臂向侧面抬起呈侧平举姿势，将弹力带一端提升至与肩部平齐的位置。

01 恢复至起始姿势，重复进行规定的次数。另一侧手臂上抬时也是同样的动作要求。

STEP ▶▶
02

STEP ▼
03

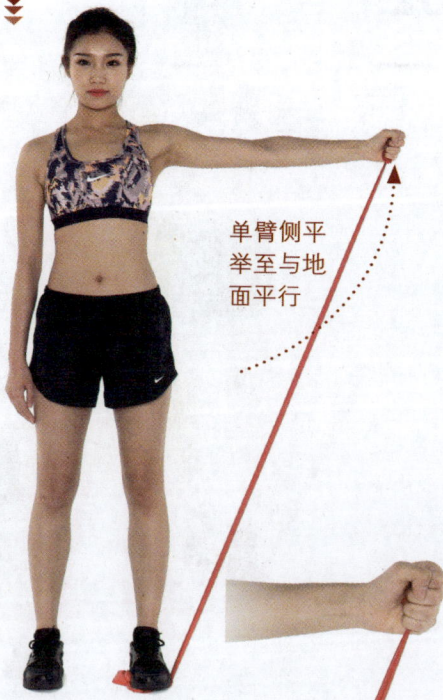

单臂侧平举至与地面平行

弹力带 – 站姿 – 单侧肩关节外展 – 内旋位

Resistance Band–Standing–Single Arm–Shoulder Joint Lateral Raise–Internal Rotation

STEP ⏵⏵
01

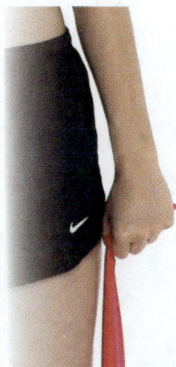

目标肌群 Primary Targets
三角肌中束

指导要点 Tips
保持核心收紧和身体稳定，不要耸肩。

动作步骤 Execution

01 身体直立，双脚分开，与肩同宽，双臂自然下垂，单手紧握弹力带一端，掌心朝后，弹力带另一端固定在同侧脚下，保持弹力带有一定张力。

02 ~ 03 保持身体姿势不变，手臂向侧面抬起呈侧平举姿势，将弹力带一端提升至与肩部平齐的位置。

01 恢复至起始姿势，重复进行规定的次数。另一侧手臂上抬时也是同样的动作要求。

STEP ⏵⏵
02

STEP ⏷
03

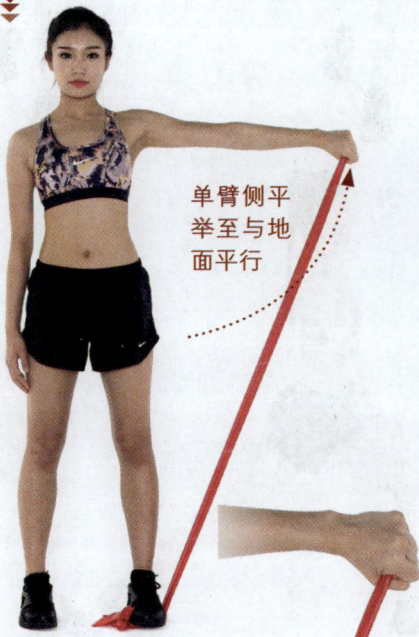

单臂侧平举至与地面平行

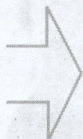

弹力带 – 站姿 – 弓步 – 水平外展
Resistance Band–Standing–Lunge–Lateral Raise

目标肌群 Primary Targets
三角肌中束

指导要点 Tips
重心放置在前脚上，不要耸肩。

动作步骤 Execution

01 躯干向前倾斜，身体略微下蹲且单腿向前跨步，使双腿分开呈弓步姿势，前脚踩住弹力带中间，双臂向下伸展，双手分别紧握弹力带两端，保持弹力带有一定张力。

02 ~ 03 保持身体姿势不变，双臂向侧面抬起呈侧平举姿势，将弹力带两端提升至与肩部平齐的位置。

01 恢复至起始姿势，重复进行规定的次数。

STEP 01

STEP 02

STEP 03

弹力带 – 站姿 – 双臂肩上推举
Resistance Band–Standing–Double Arms–Uplift

STEP ▶▶▶
01

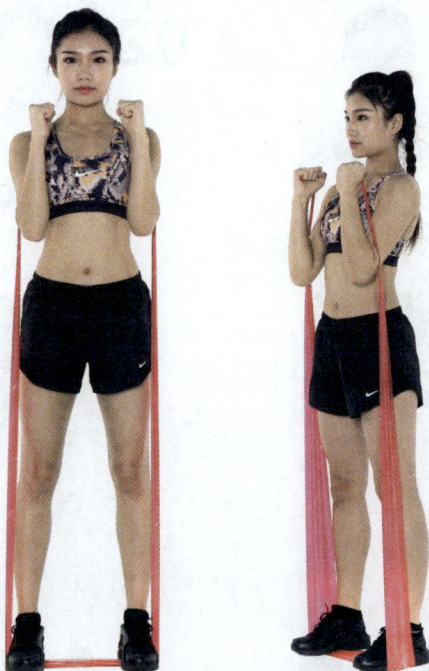

目标肌群 Primary Targets
三角肌前束、斜方肌上束

指导要点 Tips
保持核心收紧和身体稳定。

动作步骤 Execution

01 身体直立，双脚分开，与肩同宽，并踩住弹力带中间，双手分别紧握弹力带两端，掌心相对，双臂向上弯曲至肩部，保持弹力带有一定张力。

02 ~ 03 保持身体姿势不变，向上拉伸弹力带至手臂完全伸直。

01 恢复至起始姿势，重复进行规定的次数。

STEP ▼▼
02

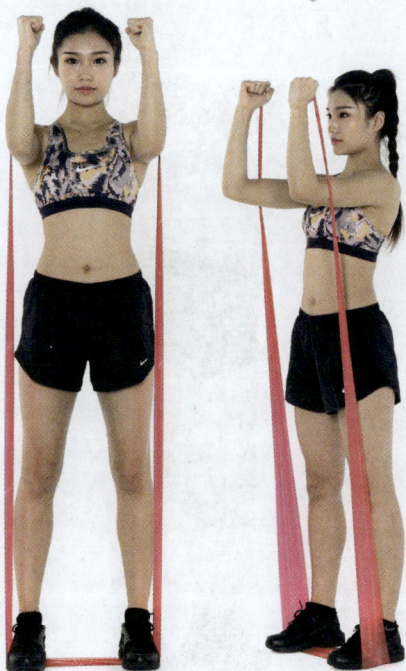

STEP ▼▼
03

双臂同时向上推举

27

弹力带 – 站姿 – 肩上交替推举
Resistance Band–Standing–Double Arms–Uplift–Alternate

目标肌群
Primary Targets
三角肌前束、斜方肌上束

指导要点
Tips
保持核心收紧和
身体稳定。

动作步骤
Execution

01 身体直立，双脚分
开，与肩同宽，并
踩住弹力带中间，
双手分别紧握弹
力带两端，掌心相
对，双臂向上弯曲
至肩部，保持弹
力带有一定张力。

02 ~ 05
保持身体姿势不
变，一侧手臂向上
拉伸弹力带至手臂
完全伸直，接着回
到原位，再换另一
侧手臂向上拉伸弹
力带至手臂完全伸
直，之后回到原
位，重复进行规定
的次数。

STEP
01

STEP
02

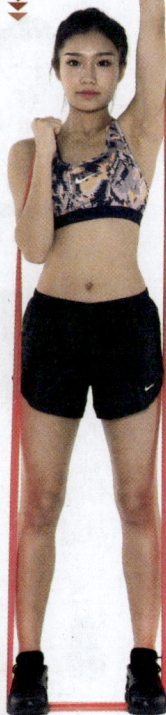 

左臂向上推举

STEP
03

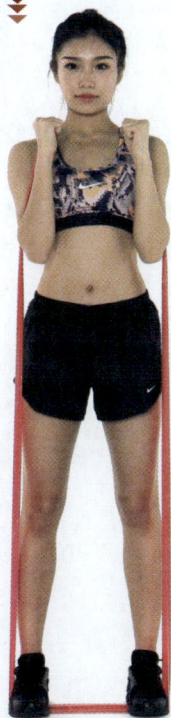

STEP
04

右臂向上推举

STEP
05

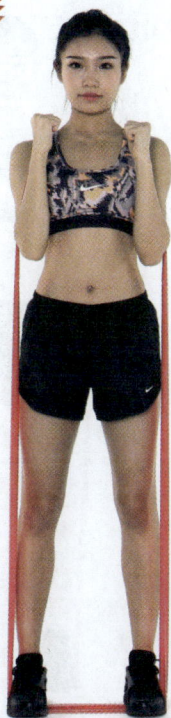

弹力带 – 站姿 – 双臂推举
Resistance Band–Standing–Double Arms–Uplift

目标肌群 Primary Targets
三角肌中束、斜方肌上束

指导要点 Tips
保持核心收紧和身体稳定。

动作步骤 Execution

01 身体直立，双脚分开，与肩同宽，并踩住弹力带中间，双手分别紧握弹力带两端，掌心朝前，双臂向上弯曲，保持弹力带有一定张力。

02 ~ 03 保持身体姿势不变，双臂向上拉伸弹力带至手臂完全伸直。

01 恢复至起始姿势，重复进行规定的次数。

STEP ▸▸▸
01

STEP ▾▾
02

双臂上推举过头顶

STEP ▾▾
03

弹力带 – 站姿 – 单侧肩关节内旋

Resistance Band–Standing–Single Arm–Shoulder Joint Internal Rotation

目标肌群 Primary Targets
肩袖肌群（主要是肩胛下肌）

指导要点 Tips
保持核心收紧和身体稳定，上臂贴近身体。

动作步骤 Execution

01 身体直立，双脚分开，与肩同宽，一侧手臂向外弯曲，肘关节呈90度角并紧握弹力带一端，弹力带另一端固定在体侧等高的其他物体上，另一侧手臂自然下垂，保持弹力带有一定张力。

02 ~ 03 保持身体姿势不变，前臂向内旋转，将弹力带一端拉伸至对侧腰部，保持肘关节位置不动。

01 恢复至起始姿势，重复进行规定的次数。另一侧手臂拉伸时也是同样的动作要求。

STEP 01

STEP 02

向内旋肩至中立位

STEP 03

向内旋肩至对侧位

弹力带 – 站姿 – 单侧肩关节外旋

Resistance Band–Standing–Single Arm–Shoulder Joint External Rotation

目标肌群 Primary Targets
肩袖肌群（主要是冈下肌）

指导要点 Tips
保持核心收紧和身体
稳定，上臂贴近身体。

动作步骤 Execution

01 身体直立，双脚分开，与肩同宽，一侧手臂向内弯曲，肘关节呈
90度角并紧握弹力带一端，弹力带另一端固定在体侧等高的其他
物体上，另一侧手臂自然下垂，保持弹力带有一定张力。

02 ~ 03
保持身体姿势不变，前臂向外旋转，将弹力带一端拉伸至体侧，
保持肘关节位置不动。

01 恢复至起始姿势，重复进行规定的次数。另一侧手臂拉伸时也是
同样的动作要求。

STEP 01

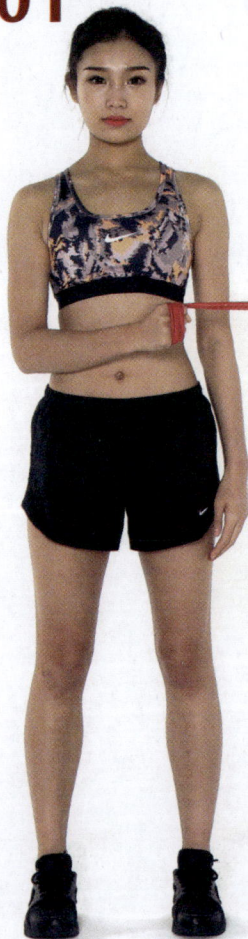

STEP 02

向外旋肩
至中立位

STEP 03

向外旋肩
至对侧位

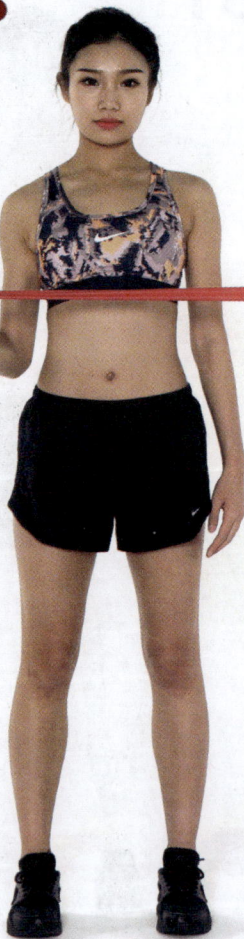

弹力带 – 站姿 – 双臂水平外旋
Resistance Band–Standing–Double Arms–Horizontal–External Rotation

STEP ▸▸▸
01

目标肌群 Primary Targets
肩袖肌群、三角肌后束

指导要点 Tips
保持核心收紧和身体稳定。

动作步骤 Execution

01 身体直立，双脚分开，与肩同宽，双手分别紧握弹力带的两端，弹力带中间固定在面前等高的其他物体上，双臂侧平举，前臂向前弯曲至肘关节呈90度角，保持弹力带有一定张力。

02 ～ 03 保持身体姿势不变，前臂向后旋转，将弹力带一端拉伸至与头顶平齐的位置，保持肘关节位置不动。

01 恢复至起始姿势，重复进行规定的次数。

STEP ▸▸▸
02

STEP ▾
03

双臂同时肩旋外

弹力带 – 站姿 – 单臂水平外旋
Resistance Band–Standing–Single Arm–Horizontal External Rotation

STEP ▶▶▶
01

目标肌群 Primary Targets
肩袖肌群、三角肌后束

指导要点 Tips
保持核心收紧和身体稳定。

动作步骤 Execution

01 身体直立，双脚分开，与肩同宽，一侧手臂侧平举后前臂向内弯曲至肘关节呈90度角并紧握弹力带一端，弹力带另一端固定在面前等高的其他物体上，另一侧手臂自然下垂，保持弹力带有一定张力。

02 ~ 03 保持身体姿势不变，前臂向后旋转至与地面垂直，将弹力带一端拉伸至与头顶平齐的位置，保持肘关节位置不动。

01 恢复至起始姿势，重复进行规定的次数。另一侧手臂拉伸时也是同样的动作要求。

STEP ⅴ
02

STEP ⅴ
03

肩关节外旋

弹力带 – 站姿 – 双肩外旋
Resistance Band–Standing–Double Shoulders–External Rotation

STEP 01

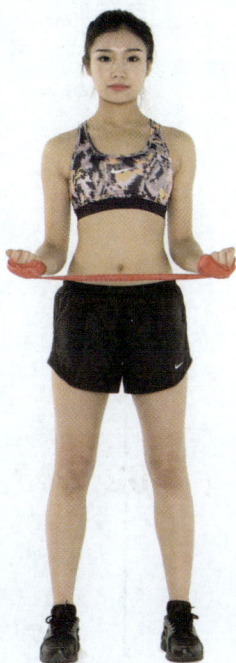

目标肌群 Primary Targets
肩袖肌群、菱形肌

指导要点 Tips
保持核心收紧和身体稳定。

动作步骤 Execution

01 身体直立，双脚分开，与肩同宽，双手分别紧握弹力带两端，双臂向上弯曲至肘关节呈90度角，保持弹力带有一定张力。

02 ~ 03 保持身体姿势不变，前臂向外旋转，将弹力带两端拉伸至体侧，保持肘关节位置不动。

01 恢复至起始姿势，重复进行规定的次数。

STEP 02

STEP 03

双臂同时肩旋外

弹力带 – 站姿 – 单臂水平内旋

Resistance Band–Standing–Single Arm–Horizontal Internal Rotation

STEP ▶▶▶
01

目标肌群 Primary Targets
肩袖肌群、胸大肌

指导要点 Tips
保持核心收紧和身体稳定。

动作步骤 Execution

01 身体直立，双脚分开，与肩同宽，一侧手臂侧平举，前臂向上弯曲至肘关节呈90度角并紧握弹力带一端，弹力带另一端固定在身后等高的其他物体上，另一侧手臂自然下垂，保持弹力带有一定张力。

02～03 保持身体姿势不变，前臂向前旋转至与地面平行，将弹力带一端拉伸至与肩部平齐的位置，保持肘关节位置不动。

01 恢复至起始姿势，重复进行规定的次数。另一侧手臂拉伸时也是同样的动作要求。

STEP ▼
02

STEP ▼
03

肩关节内旋

弹力带 – 站姿 – 侧方阻力单臂内旋
Resistance Band–Standing–Single Arm–Internal Rotation–Side Resistance

STEP ▸▸▸
01

目标肌群 Primary Targets
肩袖肌群

指导要点 Tips
保持核心收紧和身体稳定。

动作步骤 Execution

01 身体直立，双脚分开，与肩同宽，一侧手臂侧平举，前臂向上弯曲至肘关节呈90度角并紧握弹力带一端，弹力带另一端固定在体侧等高的其他物体上，另一侧手臂自然下垂，保持弹力带有一定张力。

02 ~ 03 保持身体姿势不变，手臂向下旋转至与地面平行，将弹力带一端拉伸至与肩部平齐的位置，保持肘关节位置不动。

01 恢复至起始姿势，重复进行规定的次数。另一侧手臂拉伸时也是同样的动作要求。

STEP ▸▸▸
02

STEP ⯆
03

单臂向前旋内

弹力带 – 站姿 – 肩胛骨运动

Resistance Band–Standing–Scapulae Exercise

目标肌群 Primary Targets
前锯肌

指导要点 Tips
保持核心收紧和身体
稳定。

动作步骤 Execution

01 身体直立，双脚分开，与肩同宽，双臂向上弯曲，双手分别紧握弹力带两端，使弹力带从身体背部的肩胛骨处绕过，保持弹力带有一定张力。

02 保持身体姿势不变，肩胛骨进行前伸与后缩运动。

01 恢复至起始姿势，重复进行规定的次数。

STEP 01

STEP 02

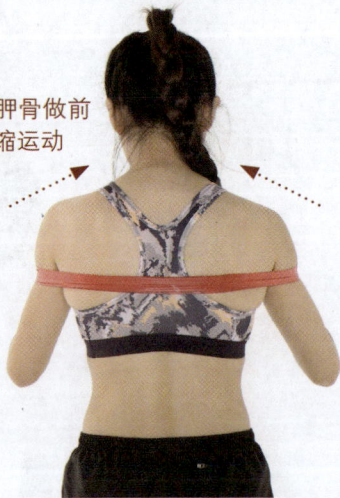

双侧肩胛骨做前伸和后缩运动

弹力带 – 站姿 – 单臂高拉
Resistance Band–Standing–Single Arm–High Pull

STEP ▶▶▶
01

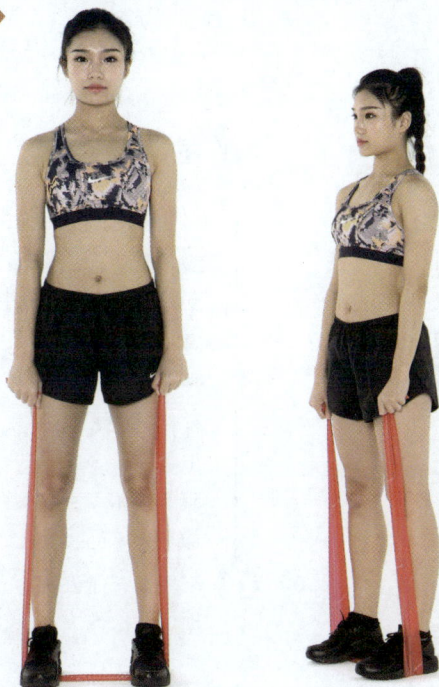

目标肌群 Primary Targets
斜方肌、三角肌

指导要点 Tips
保持核心收紧和身体稳定。不要耸肩。

动作步骤 Execution

01 身体直立，双脚分开，与肩同宽，并踩住弹力带中间，双手分别紧握弹力带两端，双臂自然下垂，保持弹力带有一定张力。

02 ~ 03 保持身体姿势不变，一侧手臂向上拉伸弹力带至肘关节弯曲到最大限度且前臂和上臂均与地面平行。

01 恢复至起始姿势，重复进行规定的次数。另一侧手臂拉伸时也是同样的动作要求。

STEP ⯆
02

STEP ⯆
03

单臂高拉

弹力带 – 站姿 – 双臂高拉
Resistance Band–Standing–Double Arms–High Pull

STEP ▶▶▶ 01

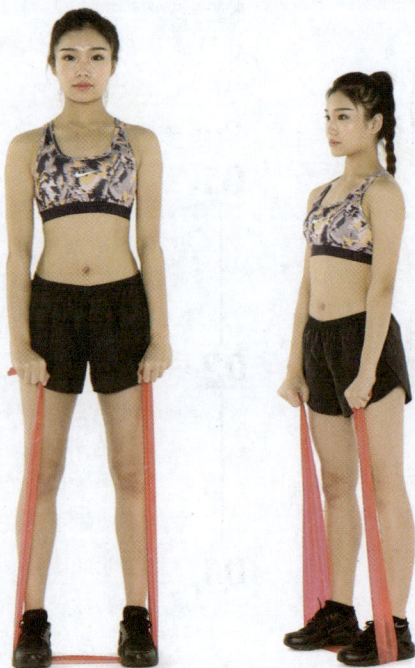

目标肌群 Primary Targets
斜方肌、三角肌

指导要点 Tips
保持核心收紧和身体稳定。不要耸肩。

动作步骤 Execution

01 身体直立，双脚分开，与肩同宽，并踩住弹力带中间，双手分别紧握弹力带两端，双臂自然下垂，保持弹力带有一定张力。

02 ~ 03 保持身体姿势不变，双臂向上拉伸弹力带至肘关节弯曲到最大限度且前臂和上臂均与地面平行。

01 恢复至起始姿势，重复进行规定的次数。

STEP ▼ 02

STEP ▼ 03

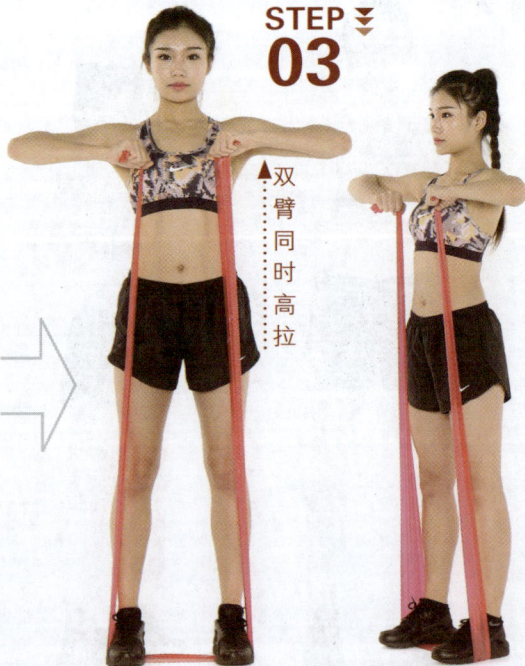

双臂同时高拉

弹力带 – 站姿 –Y 字激活
Resistance Band–Standing–Activate–Y

目标肌群
Primary Targets
肩袖肌群

指导要点
Tips
保持核心收紧
和身体稳定。

动作步骤 Execution

01 身体直立，双脚分开，与肩同宽，双手分别紧握弹力带两端，双臂向前
伸展至与地面平行，保持弹力带有一定张力。

02 保持身体姿势不变，双臂向后侧斜上方拉伸弹力带，使手臂与身体呈Y
字形，保持弹力带始终与地面平行。

01 恢复至起始姿势，重复进行规定的次数。

STEP **01**

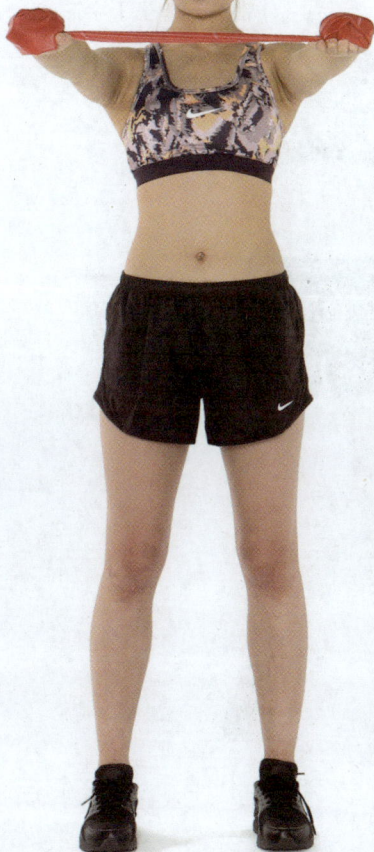

STEP **02**

双臂同时向斜上方拉弹
力带与身体呈 Y 字形

弹力带 – 站姿 –T 字激活
Resistance Band–Standing–Activate–T

目标肌群
Primary Targets
肩袖肌群

指导要点
Tips
保持核心收紧
和身体稳定。

动作步骤 Execution

01 身体直立，双脚分开，与肩同宽，双手分别紧握弹力带两端，双臂向前伸展至与地面平行，保持弹力带有一定张力。

02 保持身体姿势不变，双臂向体侧拉伸弹力带，使手臂与身体呈T字形，保持弹力带始终与地面平行。

01 恢复至起始姿势，重复进行规定的次数。

STEP 01

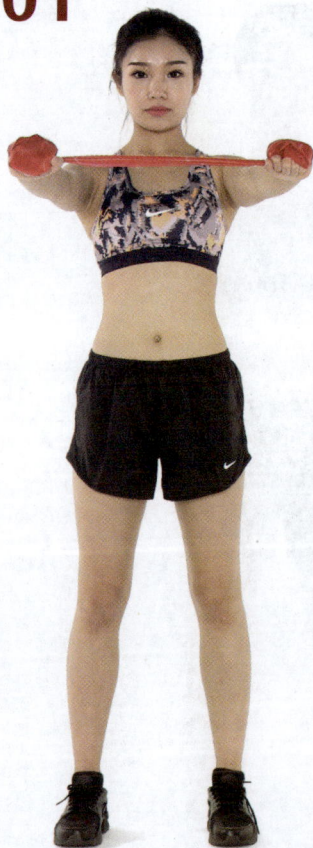

STEP 02

双臂同时水平拉弹力带与身体呈T字形

弹力带 – 站姿 –W 字激活
Resistance Band–Standing–Activate–W

目标肌群
Primary Targets
肩袖肌群

指导要点
Tips
保持核心收紧
和身体稳定。

动作步骤 Execution

01 身体直立，双脚分开，与肩同宽，双手分别紧握弹力带两端，双臂向前伸展至与地面平行，保持弹力带有一定张力。

02 保持身体姿势不变，双臂向下弯曲并向体侧拉伸弹力带，使手臂与身体呈 W 字形，保持弹力带始终与地面平行。

01 恢复至起始姿势，重复进行规定的次数。

STEP 01

STEP 02

双臂同时向两侧拉弹力带

与身体呈 W 字形

肘关节下垂

迷你带 – 站姿 – 肩关节三方向激活

Mini Resistance Band–Standing–Shoulder Joint–Three Directions

目标肌群 Primary Targets	**指导要点** Tips
肩袖肌群	保持核心收紧和身体稳定。手臂保持伸展。

STEP 01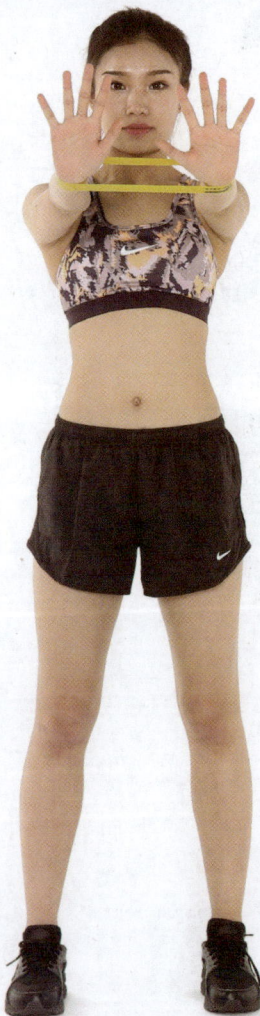

STEP 02

向斜上方抗阻移动

STEP 03

动作步骤 Execution

01
身体直立，双脚分开，与肩同宽，双臂前平举，掌心朝前，将环状迷你弹力带绕过双手腕关节，保持弹力带有一定张力。

02～06
一侧手臂保持不动，另一侧手臂分别向斜上方、侧面、斜下方拉伸弹力带。恢复至起始姿势，重复进行规定的次数。换对侧手臂完成上述动作。

STEP 04

向侧面抗阻移动

STEP 05

STEP 06

向斜下方抗阻移动

迷你带 – 站姿 – 肩关节画圈 – 过顶

Mini Resistance Band–Standing–Shoulder Joint–Circle–Above Head

目标肌群 Primary Targets
肩袖肌群

指导要点 Tips
保持核心收紧和身体稳定。

STEP
01

向前方伸展左臂

STEP
02

STEP
03

动作步骤 Execution

01

身体直立，双脚分开，与肩同宽，双臂向上伸展至与地面垂直，将环状迷你弹力带绕过双手腕关节，保持弹力带有一定张力。

02 ～ 06

保持身体姿势不变和双臂伸直，一侧手臂向前拉伸弹力带至手臂与地面呈45度角，接着回到原位，双臂同时向侧面拉伸弹力带至腕间距扩大两倍，之后回到原位，再换另一侧手臂向前拉伸弹力带至手臂与地面呈45度角，最后回到原位，重复进行规定的次数。

向前方伸展右臂

STEP 04

STEP 05

STEP 06

向侧面伸展

弹力带 – 站姿 – 稳定上提 – 自固定
Resistance Band–Standing–Stability Pull Up

STEP ▶▶▶
01

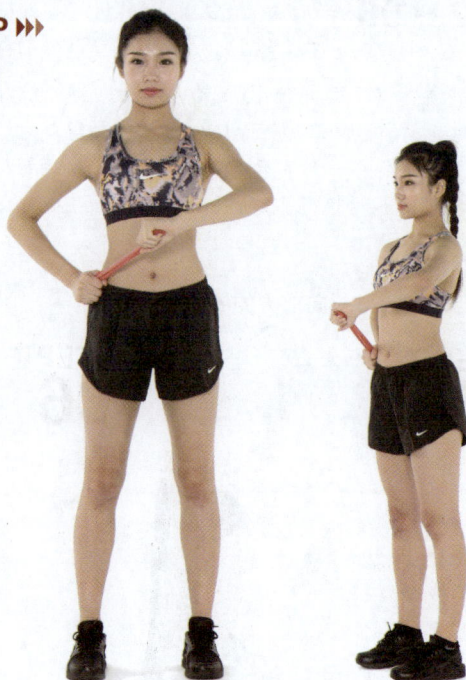

目标肌群 Primary Targets
肩袖肌群

指导要点 Tips
保持核心收紧，身体稳定，躯干不要旋转。

动作步骤 Execution

01 身体直立，双脚分开，与肩同宽，双手分别紧握弹力带两端，一侧手臂向后弯曲至手部到达腰部位置，另一侧手臂向内弯曲至手部到达胸前位置，保持弹力带有一定张力。

02～03 保持身体姿势不变，上侧手臂向侧面斜上方45度拉伸弹力带至手臂完全伸展。

01 恢复至起始姿势，重复进行规定的次数。另一侧手臂拉伸时也是同样的动作要求。

STEP ▼▼
02

左手向斜上方拉出

STEP ▼▼
03

弹力带 – 站姿 – 稳定下砍 – 自固定

Resistance Band–Standing–Stability Pull Down

STEP ▶▶▶
01

目标肌群 Primary Targets
肩袖肌群

指导要点 Tips
保持核心收紧，身体稳定，躯干不要旋转。

动作步骤 Execution

01 身体直立，双脚分开，与肩同宽，双手分别紧握弹力带两端，一侧手臂向侧面斜上方45度完全伸展，另一侧手臂向上弯曲至手部到达对侧与头部齐平的位置，保持弹力带有一定张力。

02～03 保持身体姿势不变，下侧手臂向侧面斜下方45度拉伸弹力带至手部到达体侧髋关节位置。

01 恢复至起始姿势，重复进行规定的次数。另一侧手臂拉伸时也是同样的动作要求。

STEP ▼▼
02

STEP ▼▼
03

弹力带 – 站姿 – 单臂稳定上提 – 外固定

Resistance Band–Standing–Single Arm–Stability Pull Up

STEP 01

目标肌群 Primary Targets
肩袖肌群

指导要点 Tips
保持核心收紧，身体稳定，躯干不要旋转。

动作步骤 Execution

01 身体直立，双脚分开，与肩同宽，一侧手臂向内向下弯曲至手部到达对侧髋关节位置，单手紧握弹力带一端，弹力带另一端固定在对侧下方的其他物体上，另一侧手臂自然下垂，保持弹力带有一定张力。

02 ~ 03 保持身体姿势不变，手臂向侧面斜上方45度拉伸弹力带至手臂完全伸展。

01 恢复至起始姿势，重复进行规定的次数。另一侧手臂拉伸时也是同样的动作要求。

STEP 02

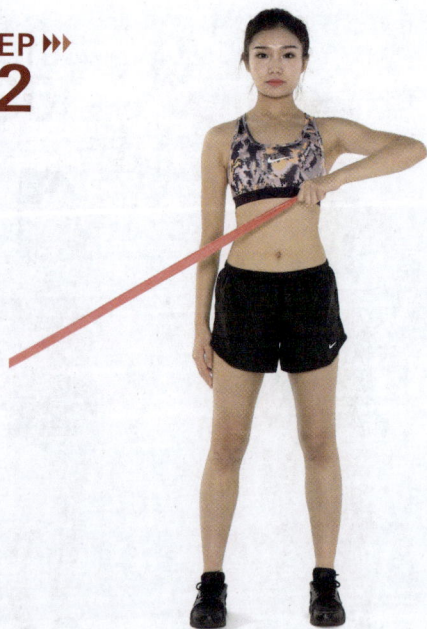

STEP 03

上提弹力带至手臂伸直

弹力带 – 站姿 – 单臂稳定下砍 – 外固定

Resistance Band–Standing–Single Arm–Stability Pull Down

STEP 01

目标肌群 Primary Targets
肩袖肌群

指导要点 Tips
保持核心收紧，身体稳定，躯干不要旋转。

动作步骤 Execution

01 身体直立，双脚分开，与肩同宽，一侧手臂向内向上弯曲至手部到达对侧与头部齐平的位置，单手紧握弹力带一端，弹力带另一端固定在对侧上方的其他物体上，另一侧手臂自然下垂，保持弹力带有一定张力。

02 ~ 03 保持身体姿势不变，手臂向侧面斜下方45度拉伸弹力带至手臂完全伸展。

01 恢复至起始姿势，重复进行规定的次数。另一侧手臂拉伸时也是同样的动作要求。

STEP 02

STEP 03

单臂向对角线方向下砍

弹力带 – 瑞士球 – 俯卧 – 肩关节过顶前屈

Resistance Band–Swiss Ball–Prone–Shoulder Joint–Uplift

目标肌群
Primary Targets
三角肌

指导要点
Tips
保持核心收紧
和身体稳定。

动作步骤 Execution

01 上身俯卧于瑞士球上，双腿并拢呈跪姿，膝关节撑地，双臂向前下方伸展，双手分别紧握弹力带两端，弹力带的中间固定于瑞士球下方，保持弹力带有一定张力。

02 保持双臂伸展，向上拉伸弹力带至手臂与躯干呈一条直线，使弹力带两端位于超过头顶的位置。

01 恢复至起始姿势，重复进行规定的次数。

STEP ▶▶▶ 01

STEP ▶▶▶ 02

过顶前屈

弹力带 – 瑞士球 – 俯卧 – 双臂外展

Resistance Band–Swiss Ball–Prone–Double Arms–Lateral Raise

目标肌群
Primary Targets
三角肌、斜方肌

指导要点
Tips
保持核心收紧
和身体稳定。

动作步骤 Execution

01 上身俯卧于瑞士球上，双腿并拢呈跪姿，膝关节撑地，双臂向侧下方伸展，双手分别紧握弹力带两端，弹力带的中间固定于瑞士球下方，保持弹力带有一定张力。

02 保持双臂伸直，向上拉伸弹力带至手臂与地面平行，使弹力带两端位于与肩部齐平的位置。

01 恢复至起始姿势，重复进行规定的次数。

STEP 01

STEP 02

双臂同时
水平上抬

弹力带 – 坐姿 – 水平外展

Resistance Band–Sitting–Lateral Raise

目标肌群
Primary Targets
三角肌中束

指导要点
Tips
保持核心收紧
和身体稳定。

动作步骤 Execution

01 身体坐于训练椅上，上身直立，双腿弯曲至膝关节呈90度角，双脚撑地，双臂向侧面伸展45度，双手分别紧握弹力带两端，弹力带的中间固定于臀部与椅面之间，保持弹力带有一定张力。

02 保持双臂伸直，向上拉伸弹力带至手臂呈侧平举姿势，使弹力带两端位于与肩部齐平的位置。

01 恢复至起始姿势，重复进行规定的次数。

STEP 01

STEP 02

双臂同时水平外展

弹力带 – 坐姿 – 双臂推举
Resistance Band–Sitting–Uplift

STEP ▸▸▸
01

目标肌群 Primary Targets
三角肌中束、斜方肌上束

指导要点 Tips
保持核心收紧和身体稳定。

动作步骤 Execution

01 身体坐于训练椅上，双腿弯曲至膝关节呈90度角，双脚撑地，双臂向上弯曲，双手分别紧握弹力带两端，弹力带的中间固定于臀部与椅面之间，保持弹力带有一定张力。

02 ~ 03 保持身体姿势不变，双臂向上拉伸弹力带至手臂完全伸直，使弹力带两端位于超过头顶的位置。

01 恢复至起始姿势，重复进行规定的次数。

STEP ⥥
02

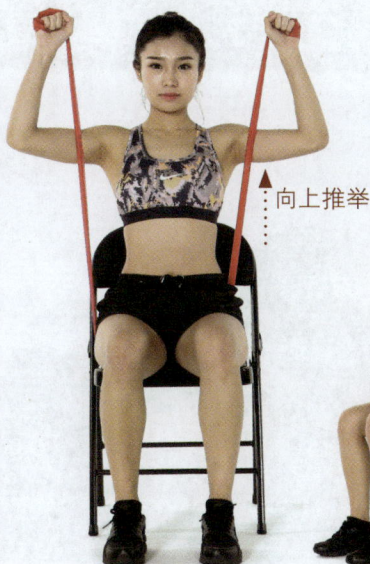

↑ 向上推举

推举至肘关节伸直

STEP ⥥
03

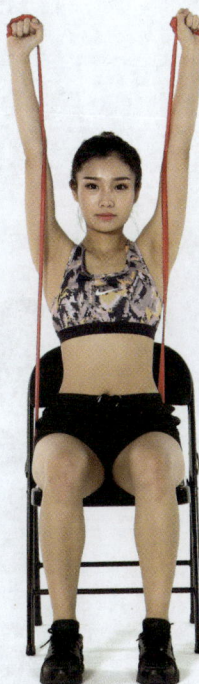

迷你带 – 四点支撑 – 肩关节三方向激活

Mini Resistance Band–Four Point Support–Shoulder Joint–Three Directions

目标肌群
Primary Targets

肩袖肌群、核心肌群

指导要点
Tips

保持核心收紧，背部平直，身体稳定。

动作步骤
Execution

01

身体跪于垫上，双膝分开，与肩同宽，躯干向下倾斜至髋关节和膝关节均呈90度角，双臂竖直支撑于垫面，将环状迷你弹力带绕过双手腕关节，保持弹力带有一定张力。

02 ~ 06

保持身体姿势不变和双臂伸直，一侧手臂向侧面斜上方45度拉伸弹力带至腕间距扩大两倍，接着回到原位，再向侧面拉伸弹力带至腕间距扩大两倍，之后回到原位，然后向侧面斜下方45度拉伸弹力带至腕间距扩大两倍，最后回到原位，重复进行规定的次数。另一侧手臂拉伸时也是同样的动作要求。

STEP 01

肘关节伸直双臂支撑于地面

STEP 02

向上斜45°方向抗阻移动

STEP 03

STEP ▶▶▶
04

向侧面方向
抗阻移动

STEP ▶▶▶
05

STEP ▶▶▶
06

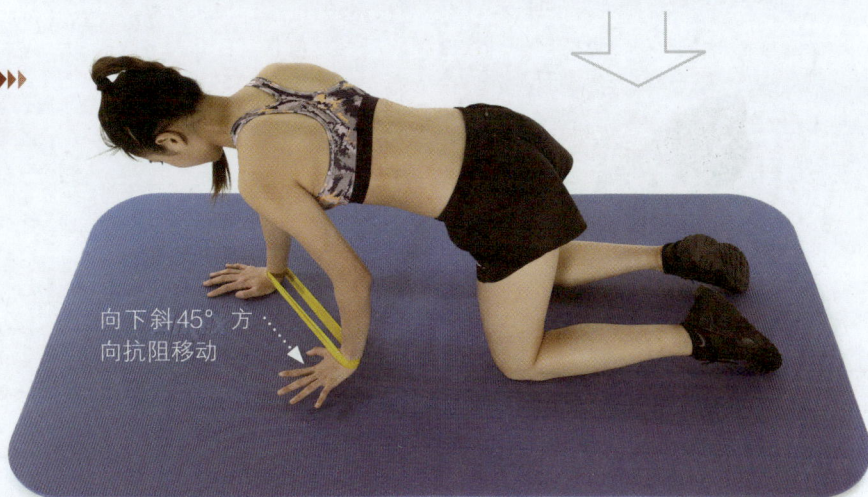

向下斜45°方
向抗阻移动

迷你带 – 四点支撑 – 肩关节画圈激活

Mini Resistance Band–Four Point Support–Shoulder Joint–Circle

目标肌群
Primary Targets
肩袖肌群、核心肌群

指导要点
Tips
保持核心收紧，背部平直，身体稳定。

动作步骤 Execution

01 身体跪于垫上，双膝分开，与肩同宽，躯干向下倾斜至髋关节和膝关节均呈90度角，双臂竖直支撑于垫面，将环状迷你弹力带绕过双手腕关节，保持弹力带有一定张力。

02 ~ 05 保持身体姿势不变和双臂伸直，一侧手臂向侧面斜上方45度拉伸弹力带至腕间距扩大两倍，接着保持腕间距不变，再向侧面拉伸弹力，然后向侧面斜下方45度拉伸弹力带，最后向下方拉伸弹力带，重复进行规定的次数。另一侧手臂拉伸时也是同样的动作要求。

STEP 01

肘关节伸直双臂支撑于地面

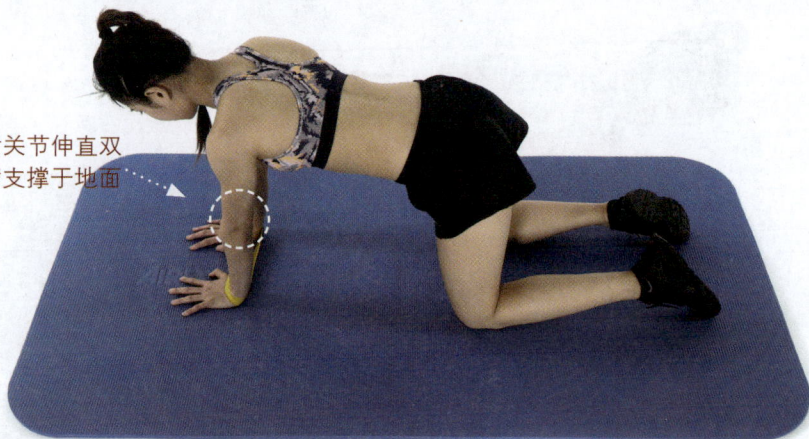

STEP 02

向正前方抗阻移动

STEP ▸▸▸
03

向斜上方
45° 拉伸

STEP ▸▸▸
04

向斜下方进行逆
时针画圈移动

STEP ▸▸▸
05

向正后方进行逆
时针画圈移动

第3章

胸部与背部训练

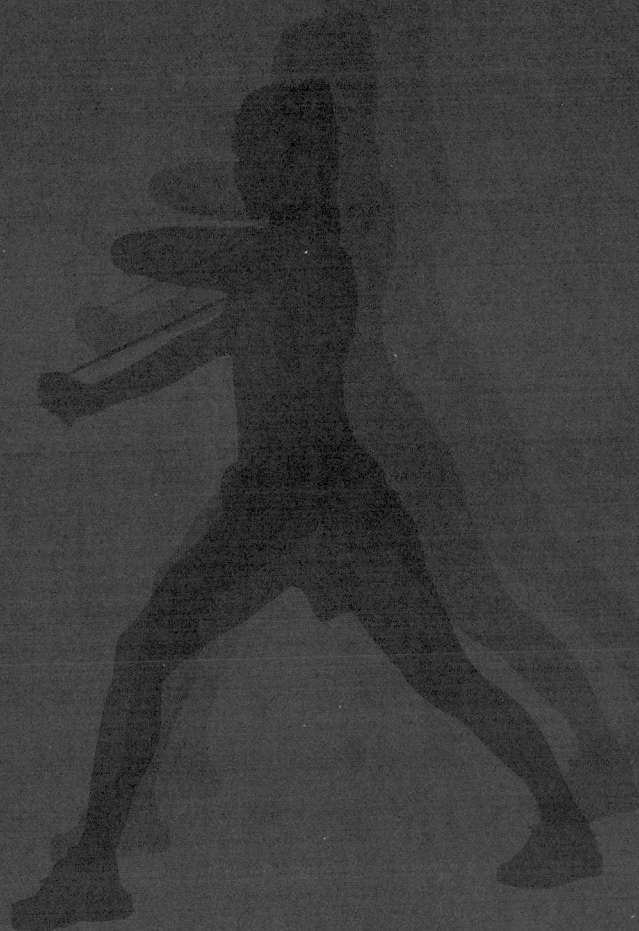

弹力带 – 站姿 – 飞鸟
Resistance Band–Standing–Fly

STEP ▶▶
01

目标肌群 Primary Targets
胸大肌、三角肌前束

指导要点 Tips
保持核心收紧和身体稳定。

动作步骤 Execution

01 身体直立，双脚分开，与肩同宽，双臂侧平举，掌心朝前，双手分别紧握弹力带两端，使弹力带从身体背部绕过，保持弹力带有一定张力。

02 ~ 03 保持双臂伸直，向内拉伸弹力带至手臂呈前平举姿势，掌心朝内，保持手臂和弹力带始终与地面平行。

01 恢复至起始姿势，重复进行规定的次数。

STEP ▶▶
02

双臂做飞鸟练习

◀◀ STEP
03

弹力带 – 站姿 – 斜飞鸟
Resistance Band–Standing–Oblique Fly

STEP ▶▶▶
01

目标肌群 Primary Targets
胸大肌、三角肌前束

指导要点 Tips
保持核心收紧和身体稳定。

动作步骤 Execution

01 身体直立，双脚分开，与肩同宽，双臂侧平举，掌心朝前，双手分别紧握弹力带两端，使弹力带从身体背部绕过，保持弹力带有一定张力。

02 ~ 03 保持双臂伸直，向内向上拉伸弹力带至手臂与地面呈45度角，使弹力带两端位于胸前超过头顶的位置。

01 恢复至起始姿势，重复进行规定的次数。

STEP ▼▼▼
02

◀◀◀ STEP
03

双臂做斜飞鸟练习

弹力带 – 站姿 – 肩关节单臂水平内收

Resistance Band–Standing–Single Arm–Horizontal–Shoulder Joint Adduction

STEP ▶▶
01

目标肌群 Primary Targets
胸大肌

指导要点 Tips
保持核心收紧和身体稳定。

动作步骤 Execution

01 身体直立，双脚分开，与肩同宽，一侧手臂侧平举，掌心朝前，紧握弹力带一端，弹力带另一端固定在体侧等高的其他物体上，另一侧手臂自然下垂，保持弹力带有一定张力。

02 ~ 03 保持身体姿势不变，手臂内收呈前平举姿势，保持手臂和弹力带始终与地面平行。

01 恢复至起始姿势，重复进行规定的次数。另一侧手臂拉伸时也是同样的动作要求。

STEP ▶▶
02

STEP ▶▶
03

单臂水平内收

弹力带 – 站姿 – 双臂胸前水平推

Resistance Band–Standing–Chest Press–Double Arms

STEP ▸▸
01

目标肌群 Primary Targets
胸大肌、三角肌前束

指导要点 Tips
保持核心收紧和身体稳定。

动作步骤 Execution

01 身体直立，双脚分开，与肩同宽，前臂向上弯曲，双手置于胸前并分别紧握弹力带两端，使弹力带从身体背部绕过，保持弹力带有一定张力。

02 ~ 03 保持身体姿势不变，双臂向前拉伸弹力带至手臂与地面平行。

01 恢复至起始姿势，重复进行规定的次数。

STEP ▸▸
02

双臂水平向前推举

◂◂ STEP
03

弹力带 – 站姿 – 胸前交替水平推
Resistance Band–Standing–Chest Press–Single Arm–Alternate

目标肌群
Primary Targets
胸大肌、三角肌前束

指导要点
Tips
保持核心收紧和身体稳定。

动作步骤
Execution

01 身体直立，双脚分开，与肩同宽，前臂向上弯曲，双手置于胸前并分别紧握弹力带两端，使弹力带从身体背部绕过，保持弹力带有一定张力。

02～05 保持身体姿势不变，一侧手臂向前拉伸弹力带至手臂与地面平行，接着回到原位，再换另一侧手臂向前拉伸弹力带至手臂与地面平行，之后回到原位，重复进行规定的次数。

STEP 01

STEP 02

左臂向前推举

STEP ⅴ
03

STEP ⅴ
04

STEP ⅴ
05

右臂向前推举

弹力带 – 站姿 – 双臂胸前斜上推

Resistance Band–Standing–Oblique above Chest Press–Double Arms

STEP ▶▶▶
01

目标肌群 Primary Targets
胸大肌、三角肌前束

指导要点 Tips
保持核心收紧和身体稳定。

动作步骤 Execution

01 身体直立，双脚分开，与肩同宽，前臂向上弯曲，双手置于胸前并分别紧握弹力带两端，使弹力带从身体背部绕过，保持弹力带有一定张力。

02 ~ 03 保持身体姿势不变，双臂向前上方拉伸弹力带至手臂完全伸直，使弹力带两端位于与头顶平齐的位置。

01 恢复至起始姿势，重复进行规定的次数。

STEP ▼
02

双臂同时向斜上方推出

STEP ▼
03

弹力带 – 站姿 – 交替胸前斜上推

Resistance Band–Standing–Oblique above Chest Press–Single Arm–Alternate

目标肌群
Primary Targets
胸大肌、三角肌前束

指导要点
Tips
保持核心收紧
和身体稳定。

动作步骤
Execution

01 身体直立，双脚分开，与肩同宽，前臂向上弯曲，双手置于胸前并分别紧握弹力带两端，使弹力带从身体背部绕过，保持弹力带有一定张力。

02 ~ 05 保持身体姿势不变，一侧手臂向前上方拉伸弹力带至手臂完全伸直，接着回到原位，再换另一侧手臂向前上方拉伸弹力带至手臂完全伸直，之后回到原位，重复进行规定的次数。

STEP 01

STEP 02

左臂向斜上方推举

STEP 03

STEP 04

右臂向斜上方推举

STEP 05

弹力带 – 弓步 – 斜下推
Resistance Band–Lunge–Oblique Below Press

STEP ▶▶ 01

目标肌群 Primary Targets
胸大肌、三角肌前束、肱三头肌

指导要点 Tips
重心放置在前脚上。

动作步骤 Execution

01 上身直立，双腿分开呈弓步姿势，一侧手臂向内弯曲，使手位于对侧肩部，另一侧手臂向上弯曲至肘部呈90度角，双手分别紧握弹力带两端，保持弹力带有一定张力。

02 保持身体姿势不变，手部在前的一侧手臂向前下方拉伸弹力带至手臂完全伸直。

01 恢复至起始姿势，重复进行规定的次数。另一侧手臂拉伸时也是同样的动作要求。

STEP ▶▶ 02

右手向斜下方推出

弹力带 – 坐姿 – 双臂胸前推

Resistance Band–Sitting–Double Arms–Chest Press

目标肌群
Primary Targets
胸大肌、三角肌前束

指导要点
Tips
保持核心收紧和身体稳定。

动作步骤 Execution

01 身体坐于训练椅上，上身直立，双腿弯曲至膝关节呈90度角，双脚撑地，前臂向上弯曲，双手置于胸前并分别紧握弹力带两端，使弹力带从身体背部绕过，保持弹力带有一定张力。

02 ~ 03
保持身体姿势不变，双臂向前拉伸弹力带至手臂与地面平行，使弹力带两端位于胸前与肩部平齐的位置。

01 恢复至起始姿势，重复进行规定的次数。

STEP 01

STEP 02

STEP 03

双臂前推

前推至肘关节伸直

弹力带 – 瑞士球 – 坐姿 – 双臂胸前推

Resistance Band–Swiss Ball–Sitting–Double Arms–Chest Press

目标肌群
Primary Targets
胸大肌、三角肌
前束

指导要点
Tips
保持核心收紧
和身体稳定。

动作步骤 Execution

01 身体坐于瑞士球上，上身直立，双腿弯曲至膝关节接近90度角，双脚撑地，前臂向上弯曲，双手置于胸前并分别紧握弹力带两端，使弹力带从身体背部绕过，保持弹力带有一定张力。

02 ~ 03
保持身体姿势不变，双臂向前拉伸弹力带至手臂与地面平行。

01 恢复至起始姿势，重复进行规定的次数。

STEP **01**

STEP **02**

STEP **03**

抗阻前推

前推至肘关节伸直

弹力带 – 瑞士球 – 仰卧 – 双臂胸前推

Resistance Band–Swiss Ball–Lying–Double Arms–Chest Press

目标肌群
Primary Targets

胸大肌、三角肌
前束、核心肌群

指导要点
Tips

保持核心收紧
和身体稳定。

动作步骤 Execution

01 身体仰卧于瑞士球上，双腿弯曲至膝关节接近90度角，双脚撑地，前臂
向上弯曲，双手置于胸前并分别紧握弹力带两端，使弹力带从身体背部绕
过，保持弹力带有一定张力。

02 保持身体姿势不变，双臂向上拉伸弹力带至手臂与地面垂直。

01 恢复至起始姿势，重复进行规定的次数。

STEP ▶▶
01

STEP ▶▶
02

双臂同时抗阻前推

弹力带 – 瑞士球 – 坐姿 – 交替胸前推

Resistance Band–Swiss Ball–Sitting–Single Arm–Chest Press–Alternate

目标肌群
Primary Targets

胸大肌、三角肌前束

指导要点
Tips

保持核心收紧和身体稳定。

动作步骤
Execution

01 身体坐于瑞士球上，上身直立，双腿弯曲至膝关节接近90度角，双脚撑地，前臂向上弯曲，双手置于胸前并分别紧握弹力带两端，使弹力带从身体背部绕过，保持弹力带有一定张力。

02 ~ 05 保持身体姿势不变，一侧手臂向前拉伸弹力带至手臂与地面平行，接着回到原位，再换另一侧手臂向前拉伸弹力带至手臂与地面平行，之后回到原位，重复进行规定的次数。

STEP 01

STEP 02

一侧手臂抗阻前推

STEP 03

STEP 04

另一侧手臂抗阻前推

STEP 05

弹力带 – 瑞士球 – 仰卧 – 交替胸前推

Resistance Band–Swiss Ball–Lying–Single Arm–Chest Press–Alternate

目标肌群
Primary Targets
胸大肌、三角肌
前束、核心肌群

指导要点
Tips
保持核心收紧
和身体稳定。

动作步骤 Execution

01 身体仰卧于瑞士球上，双腿弯曲至膝关节接近90度角，双脚撑地，前臂
向上弯曲，双手置于胸前并分别紧握弹力带两端，使弹力带从身体背部
绕过，保持弹力带有一定张力。

02 ~ 04 保持身体姿势不变，一侧手臂向上拉伸弹力带至手臂与地面垂直，接着回
到原位，再换另一侧手臂向上拉伸弹力带至手臂与地面垂直，之后回到原
位，重复进行规定的次数。

STEP ▸▸▸
01

STEP ▸▸▸
02

一侧手臂抗阻前推

STEP ▶▶▶
03

STEP ▶▶▶
04

另一侧手臂抗阻前推

弹力带 – 瑞士球 – 坐姿 – 飞鸟
Resistance Band–Swiss Ball–Sitting–Fly

STEP ▶▶▶
01

目标肌群 Primary Targets
胸大肌、三角肌前束

指导要点 Tips
保持核心收紧和身体稳定。

动作步骤 Execution

01 身体坐于瑞士球上，上身直立，双腿弯曲至膝关节接近90度角，双脚撑地，双臂侧平举，掌心朝前，双手分别紧握弹力带两端，使弹力带从身体背部绕过，保持弹力带有一定张力。

02 ～ 03 保持双臂伸直，向内拉伸弹力带至手臂呈前平举姿势，掌心相对，保持手臂始终与地面平行。

01 恢复至起始姿势，重复进行规定的次数。

STEP ▼
02

STEP ▼
03

向前做飞鸟练习

弹力带 – 瑞士球 – 仰卧 – 飞鸟
Resistance Band–Swiss Ball–Lying–Fly

目标肌群
Primary Targets
胸大肌、三角肌
前束

指导要点
Tips
保持核心收紧
和身体稳定。

动作步骤 Execution

01 身体仰卧于瑞士球上，双腿弯曲至膝关节接近90度角，双脚撑地，双臂侧
平举，掌心朝上，双手分别紧握弹力带两端，使弹力带从身体背部绕过，
保持弹力带有一定张力。

02 ~ 03
保持双臂伸直，向内拉伸弹力带至手臂与地面垂直。

01 恢复至起始姿势，重复进行规定的次数。

STEP ▸▸▸
01

STEP ▾
02

STEP ▸▸▸
03

向前做飞
鸟练习

弹力带 – 哑铃 – 仰卧 – 双臂胸前推

Resistance Band–Dumbbell–Lying–Double Arms–Chest Press

目标肌群
Primary Targets
胸大肌、三角肌
前束

指导要点
Tips
保持核心收紧
和身体稳定。

动作步骤 Execution

01 身体仰卧于垫上，双腿弯曲至膝关节呈90度角，双脚撑地，前臂向上弯曲，双手置于胸前，分别紧握一只固定住弹力带一端的哑铃，使弹力带从身体背部绕过，保持弹力带有一定张力。

02 保持身体姿势不变，双臂向上拉伸弹力带至手臂与地面垂直。

01 恢复至起始姿势，重复进行规定的次数。

STEP ▶▶▶ 01

STEP ▶▶▶ 02

双臂向上推举

弹力带 – 哑铃 – 仰卧 – 双臂飞鸟
Resistance Band–Dumbbell–Lying–Double Arms–Fly

目标肌群
Primary Targets
胸大肌、三角肌前束

指导要点
Tips
保持核心收紧和身体稳定。

动作步骤 Execution

01 身体仰卧于垫上，双腿弯曲至膝关节呈90度角，双脚撑地，双臂向上伸展，双手分别紧握一只固定住弹力带一端的哑铃，使弹力带从身体背部绕过，保持弹力带有一定张力。

02 保持身体姿势不变，双臂向外拉伸弹力带至手臂与地面平行。

01 恢复至起始姿势，重复进行规定的次数。

STEP ▶▶▶ 01

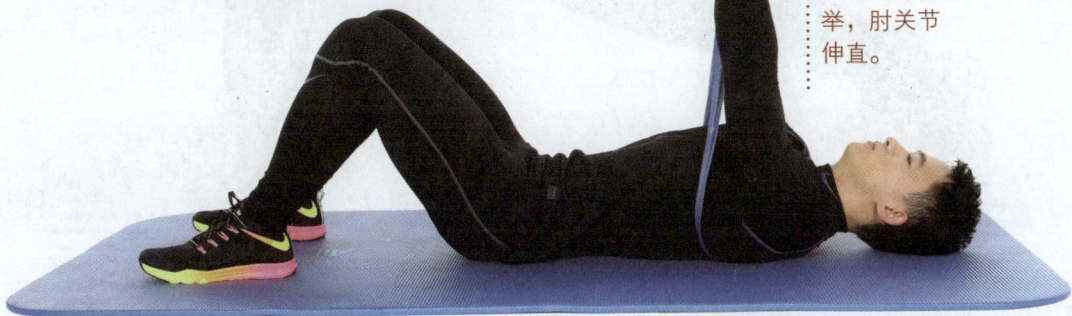

双臂向上推举，肘关节伸直。

STEP ▶▶▶ 02

弹力带 – 俯卧撑
Resistance Band–Push Up

目标肌群
Primary Targets
胸大肌、核心肌群

指导要点
Tips
保持身体呈一条直线。

动作步骤 Execution

01 身体俯卧于垫上，双手分别紧握弹力带两端，使弹力带从背部绕过，双臂向下伸展撑地，双腿伸直，脚尖撑地，保持平板姿势，保持弹力带有一定张力。

02 保持身体姿势不变，双臂弯曲使身体向下做俯卧撑动作。

01 恢复至起始姿势，重复进行规定的次数。

STEP 01

双手握住弹力带支撑地面

STEP 02

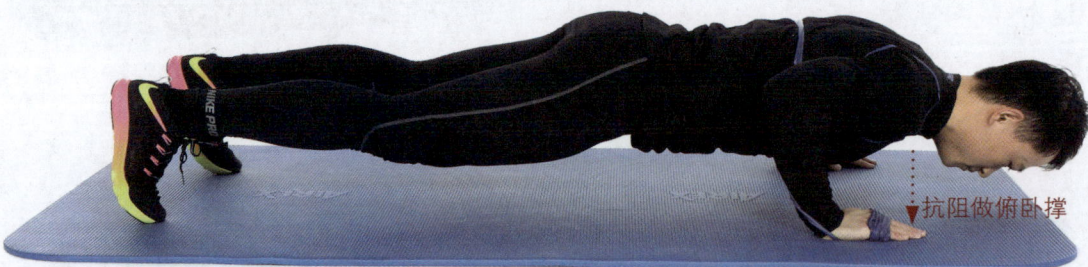

抗阻做俯卧撑

弹力带 – 跪姿 – 俯卧撑
Resistance Band–Kneeling–Push Up

目标肌群
Primary Targets
胸大肌、核心
肌群

指导要点
Tips
保持躯干和大腿
尽量呈一条直线。

动作步骤 Execution

01 身体俯卧于垫上，双手分别紧握弹力带两端，使弹力带从背部绕过，双臂
向下伸展撑地，双腿向上弯曲至膝关节呈90度角，小腿交叠，膝关节撑地，
保持弹力带有一定张力。

02 保持身体姿势不变，双臂弯曲使身体向下做俯卧撑动作。

01 恢复至起始姿势，重复进行规定的次数。

STEP ▶▶▶ 01

双手握住弹力
带支撑地面

膝关节支撑地
面双脚抬起

STEP ▶▶▶ 02

抗阻做膝支
撑俯卧撑

弹力带 – 站姿 – 双臂高位后拉

Resistance Band–Standing–Double Arms–High Pull Back

STEP ▶▶▶
01

目标肌群 Primary Targets

菱形肌、斜方肌、背阔肌

指导要点 Tips

保持肩胛骨稳定，不要耸肩。

动作步骤 Execution

01 身体直立，双脚分开，与肩同宽，双臂前平举，双手分别紧握弹力带两端，弹力带中间固定在面前等高的其他物体上，保持弹力带有一定张力。

02 ~ 03 保持身体姿势不变，双臂向后拉伸弹力带至双手到达颈部两侧的位置，掌心朝前。

01 恢复至起始姿势，重复进行规定的次数。

STEP ▶▶▶
02

STEP ▼▼
03

双臂同时后拉 ➡

弹力带 – 站姿 – 双臂水平后拉
Resistance Band–Standing–Double Arms–Horizontal Pull Back

STEP ▶▶▶
01

目标肌群 Primary Targets
斜方肌、背阔肌

指导要点 Tips
保持肩胛骨稳定。

动作步骤 Execution

01 身体直立，双脚分开，与肩同宽，双臂向前下方伸展，双手分别紧握弹力带两端，弹力带中间固定在面前等高的其他物体上，保持弹力带有一定张力。

02 ~ 03 保持身体姿势不变，双臂向后拉伸弹力带至双手到达腰部两侧的位置。

01 恢复至起始姿势，重复进行规定的次数。

STEP ▶▶▶
02

STEP ⯆
03

水平后拉至躯干两侧

弹力带 – 单臂剪草机后拉

Resistance Band–Single Arm–Pull Back

目标肌群 Primary Targets
菱形肌、斜方肌中束、
背阔肌

指导要点 Tips
重心放置在前脚上。

动作步骤 Execution

01 躯干向前倾斜，身体略微下蹲且单腿向前跨步，使双腿分开呈弓步姿势，前脚踩住弹力带中间，双臂向下伸展，双手分别紧握弹力带两端，保持弹力带有一定张力。

02 ~ 03
保持身体姿势不变，一侧手臂向后弯曲至肘关节呈90度角，将弹力带一端提升至腰部。

01 恢复至起始姿势，重复进行规定的次数。另一侧手臂弯曲时也是同样的动作要求。

STEP 01

STEP 02

STEP 03

单臂后拉至肘关节呈90度角

弹力带 – 站姿 – 拉弓
Resistance Band–Standing–Pull Bow

目标肌群 Primary Targets
菱形肌、斜方肌中束

指导要点 Tips
保持核心收紧和身体稳定。

动作步骤 Execution

01
身体直立，双脚分开，与肩同宽，双手分别紧握弹力带两端，一侧手臂呈侧平举姿势，掌心朝前，另一侧手臂向对侧弯曲呈拉弓的准备姿势，保持弹力带有一定张力。

02
保持身体姿势不变，弯曲的手臂向同侧拉伸弹力带至手部达到同侧肩部位置，保持手臂和弹力带均与地面平行。

01
恢复至起始姿势，重复进行规定的次数。另一侧手臂拉伸时也是同样的动作要求。

STEP 01

STEP 02

弹力带 – 站姿 – 双臂下拉

Resistance Band–Standing–Double Arms–Pull Down

目标肌群 Primary Targets
背阔肌、肩胛骨稳定肌群

指导要点 Tips
保持核心收紧和身体稳定。

动作步骤 Execution

01 身体直立，双脚分开，与肩同宽，双臂向斜上方伸展，双手分别紧握弹力带两端，保持弹力带有一定张力。

02~03 保持双臂伸直，向外向下拉伸弹力带至手臂与地面平行，弹力带位于脑后。

01 恢复至起始姿势，重复进行规定的次数

STEP ►► 01

STEP ⌄ 02

STEP ⌄ 03

双臂下拉至侧平举姿势

弹力带 – 站姿 – 单臂下拉
Resistance Band–Standing–Single Arm–Pull Down

STEP ▶▶▶ 01

目标肌群 Primary Targets
背阔肌、肩胛骨稳定肌群

指导要点 Tips
保持核心收紧和身体稳定。

动作步骤 Execution

01 身体直立，双脚分开，与肩同宽，双臂向斜上方伸展，双手分别紧握弹力带两端，保持弹力带有一定张力。

02 ~ 03 保持双臂伸直，一侧手臂向外向下拉伸弹力带至手臂与地面平行，另一侧手臂保持不动。

01 恢复至起始姿势，重复进行规定的次数。另一侧手臂拉伸时也是同样的动作要求。

STEP ▼ 02

单臂下拉

STEP ▼ 03

下拉至侧平举姿势

弹力带 – 站姿 – 双臂下拉 – 前阻力
Resistance Band–Standing–Double Arms–Pull Down–Front Resistance

STEP ▶▶▶ 01

目标肌群 Primary Targets
背阔肌、胸肌

指导要点 Tips
保持核心收紧和身体稳定。

动作步骤 Execution

01 身体直立，双脚分开，与肩同宽，双臂向前上方伸展，双手分别紧握弹力带的两端，弹力带的中间固定在身前大致与肩部等高的其他物体上，保持弹力带有一定张力。

02 ~ 03 保持双臂伸，向下拉伸弹力带至手臂与地面垂直。

01 恢复至起始姿势，重复进行规定的次数。

STEP ▼ 02

STEP ▼ 03

直臂下拉做肩关节后伸练习

弹力带 – 站姿 – 单臂下拉 – 后阻力
Resistance Band–Standing–Single Arm–Pull Down–Back Resistance

STEP ▶▶▶
01

目标肌群 Primary Targets
背阔肌、胸肌

指导要点 Tips
保持核心收紧和身体稳定。

动作步骤 Execution

01 身体直立，双脚分开，与肩同宽，一侧手臂向上完全伸展并紧握弹力带一端，弹力带另一端固定在身后等高的其他物体上，另一侧手臂自然下垂，保持弹力带有一定张力。

02～03 保持身体姿势不变，手臂向前向下拉伸弹力带至体侧。

01 恢复至起始姿势，重复进行规定的次数。另一侧手臂拉伸时也是同样的动作要求。

STEP ⯆
02

STEP ⯆
03

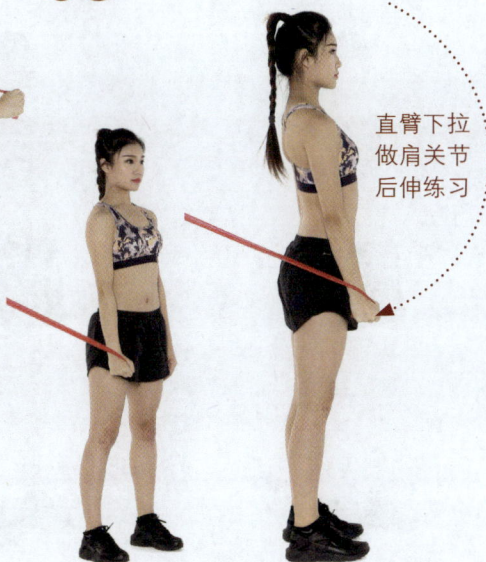

直臂下拉做肩关节后伸练习

弹力带 – 站姿 – 反向飞鸟

Resistance Band–Standing–Reverse Fly

目标肌群 Primary Targets
菱形肌、斜方肌、三角肌后束

指导要点 Tips
保持核心收紧和身体稳定。

动作步骤 Execution

01
身体直立，双脚分开，与肩同宽，双臂向前伸展，双手分别紧握弹力带两端，保持弹力带有一定张力。

02～03
保持双臂伸直，向外拉伸弹力带至手臂呈侧平举姿势，保持手臂和弹力带始终与地面平行。

01
恢复至起始姿势，重复进行规定的次数。

STEP 01

STEP 02

STEP 03

双臂水平向外打开

弹力带 – 站姿 – 双侧耸肩
Resistance Band–Standing–Double Arms–Shrug

目标肌群 Primary Targets
斜方肌

指导要点 Tips
保持核心收紧和身体
稳定。

动作步骤 Execution

01 身体直立，双脚分开，与肩同宽，并踩住弹力带中间，双手分别
紧握弹力带两端，双臂自然下垂，保持弹力带有一定张力。

02 保持身体姿势不变和双臂伸直，双肩向上耸立至最大限度。

01 恢复至起始姿势，重复进行规定的次数。

STEP 01

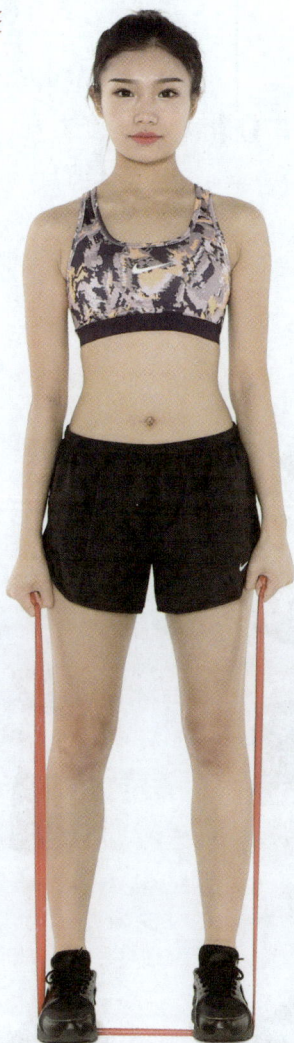

STEP 02

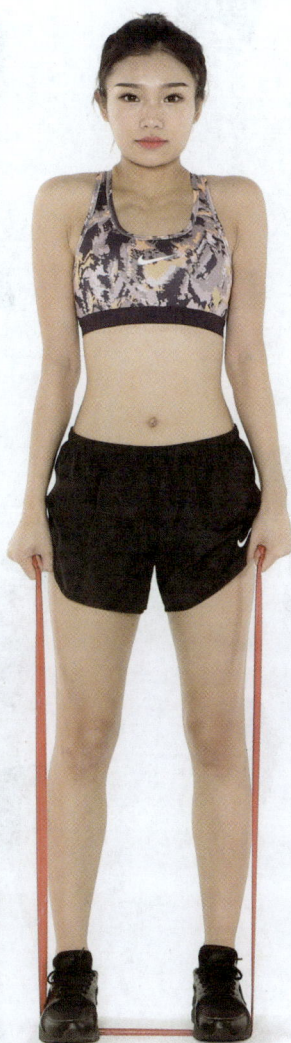

弹力带 – 站姿 – 斜角下拉

Resistance Band–Standing–Oblique–Pull Down

目标肌群 Primary Targets
背阔肌

指导要点 Tips
保持肩胛骨稳定。

动作步骤 Execution

01 身体直立，双脚分开，与肩同宽，双臂向前上方伸展，双手分别紧握弹力带两端，弹力带中间固定在斜上方的其他物体上，保持弹力带有一定张力。

02 ~ 03 保持身体姿势不变，双臂弯曲向斜下方拉伸弹力带至双手到达腰部两侧的位置。

01 恢复至起始姿势，重复进行规定的次数。

STEP ▶▶▶ 01

STEP ▶▶▶ 02

双臂同时下拉

STEP ⯯ 03

拉至躯干两侧

弹力带 – 跪姿 – 斜角下拉

Resistance Band–Kneeling–Oblique–Pull Down

STEP ▶▶▶
01

目标肌群 Primary Targets
背阔肌

指导要点 Tips
保持肩胛骨稳定。

动作步骤 Execution

01 身体跪于垫上，上身直立，双膝分开，与肩同宽，双臂向前上方伸展，双手分别紧握弹力带两端，弹力带中间固定在斜上方的其他物体上，保持弹力带有一定张力。

02 ~ 03 保持身体姿势不变，双臂弯曲向斜下方拉伸弹力带至双手到达腰部两侧的位置。

01 恢复至起始姿势，重复进行规定的次数。

STEP ≽
02

双臂同时下拉

STEP ≽
03

拉至躯干两侧

弹力带 – 坐姿 – 直腿后拉
Resistance Band–Sitting–Straight Leg–Pull Back

目标肌群
Primary Targets
斜方肌、背阔肌

指导要点
Tips
保持核心收紧
和身体稳定。

动作步骤 Execution

01 身体坐于垫上，上身直立，双腿伸展，双臂向上弯曲至小臂与地面平行，双手分别紧握弹力带两端，使弹力带从双脚足底处绕过，保持弹力带有一定张力。

02 保持身体姿势不变，双臂向后拉伸弹力带至双手到达腰部两侧的位置。

01 恢复至起始姿势，重复进行规定的次数。

STEP ▶▶▶ 01

STEP ▶▶▶ 02

双臂同时水平
后拉躯干两侧

弹力带 – 瑞士球 – 坐姿 – 双臂后拉

Resistance Band–Swiss Ball–Sitting–Double Arms–Pull Back

目标肌群
Primary Targets
斜方肌、背阔肌

指导要点
Tips
保持核心收紧和
身体稳定。

动作步骤 Execution

01 身体坐于瑞士球上，上身直立，双腿弯曲至膝关节接近90度角，双脚撑地，双臂前平举，掌心相对，双手分别紧握弹力带两端，弹力带中间固定在面前等高的其他物体上，保持弹力带有一定张力。

02 ~ 03 保持身体姿势不变，双臂向后拉伸弹力带至双手到达腰部两侧的位置。

01 恢复至起始姿势，重复进行规定的次数。

STEP ❤
01

STEP ❤
02

STEP ❤
03

双臂同时后拉弹力带

拉至躯干两侧

弹力带 – 瑞士球 – 坐姿 – 双臂下拉

Resistance Band–Swiss Ball–Sitting–Double Arms–Pull Down

目标肌群
Primary Targets
背阔肌、胸肌

指导要点
Tips
保持核心收紧
和身体稳定。

动作步骤 Execution

01 身体坐于瑞士球上，双腿弯曲至膝关节接近90度角，双脚撑地，双臂前平举，双手分别紧握弹力带的两端，弹力带的中间固定在面前等高的其他物体上，保持弹力带有一定张力。

02 ~ 03
保持双臂伸直，向下拉伸弹力带至手臂垂直于地面，手部接触球面。

01 恢复至起始姿势，重复进行规定的次数。

STEP **01**

STEP **02**

下拉弹力带

STEP **03**

肩关节后伸，
拉至身体两侧。

弹力带 – 瑞士球 – 坐姿 – 反向飞鸟
Resistance Band–Swiss Ball–Sitting–Reverse Fly

目标肌群
Primary Targets
菱形肌、斜方肌

指导要点
Tips
保持核心收紧
和身体稳定。

动作步骤 Execution

01 身体坐于瑞士球上，双腿弯曲至膝关节接近90度角，双脚撑地，双臂
前平举，双手分别紧握弹力带的两端，弹力带的中间固定在面前等高的
其他物体上，保持弹力带有一定张力。

02 ~ 03
保持双臂伸直，向外拉伸弹力带至手臂呈侧平举姿势，掌心朝前，使弹
力带两端位于与肩部齐平的位置。

01 恢复至起始姿势，重复进行规定的次数。

STEP **01**

STEP **02**

双臂同
时后拉

STEP **03**

做反向飞鸟

弹力带 – 瑞士球 – 俯卧 – 双臂后拉

Resistance Band–Swiss Ball–Prone–Double Arms–Pull Back

目标肌群
Primary Targets
背阔肌、斜方肌

指导要点
Tips
保持核心收紧
和身体稳定。

动作步骤 Execution

01 上身俯卧于瑞士球上，双腿并拢呈跪姿，膝关节撑地，双臂伸展于瑞士球两侧，双手分别紧握弹力带两端，弹力带的中间固定于瑞士球下方，保持弹力带有一定张力。

02 保持身体姿势不变，双臂向上拉伸弹力带至双手到达接近胸部的位置。

01 恢复至起始姿势，重复进行规定的次数。

STEP ▶▶▶ 01

STEP ▶▶▶ 02

双臂后拉至
躯干两侧

弹力带 – 俯身 – 直臂后拉
Resistance Band–Bend Down–Straight Arms–Pull Back

STEP ▸▸▸
01

STEP ⌄
02

双臂直臂后拉
至膝盖两侧

◂◂◂STEP
03

双臂直臂后拉
至髋关节两侧

目标肌群 Primary Targets
背阔肌、胸肌

指导要点 Tips
保持背部伸展和稳定，避免向前
或向后屈背。

动作步骤 Execution

01 身体略微下蹲至大腿与地面
呈45度角，双脚分开，与肩
同宽，躯干向前倾斜至髋关
节呈90度角，双臂向前伸展
至与地面平行，双手分别紧
握弹力带两端，弹力带中间
固定在面前等高的其他物体
上，保持弹力带有一定张力。

02 ~ 03 保持双臂伸直，向后向下拉
伸弹力带至双手到达膝关节
两侧的位置，接着继续向后
向上拉伸弹力带至双手到达
髋关节两侧的位置。

01 恢复至起始姿势，重复进行
规定的次数。

第4章

手臂训练

弹力带 – 站姿 – 单侧臂屈伸
Resistance Band–Standing–Single Arm–Flexion and Extension Arm

STEP ▶▶▶ 01

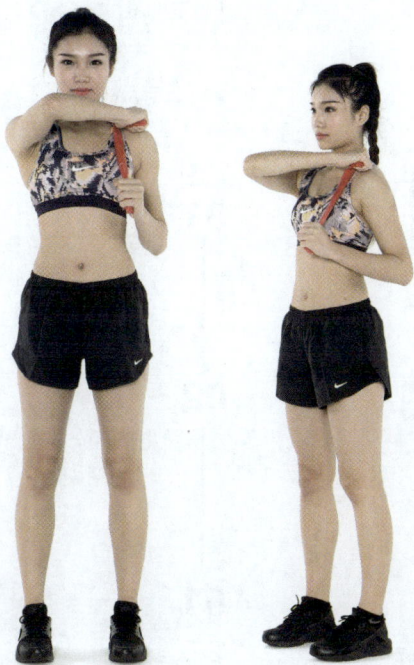

目标肌群 Primary Targets
肱三头肌

指导要点 Tips
保持核心收紧和身体稳定。上臂尽量保持不动。

动作步骤 Execution

01 身体直立，双脚分开，与肩同宽，双手分别紧握弹力带两端，一侧手臂向上抬起并向内弯曲至手部到达对侧肩关节处，另一侧手臂向上弯曲至手部到达同侧胸前，保持弹力带有一定张力。

02 ~ 03 保持身体姿势不变，下侧手臂向下拉伸弹力带至手臂完全伸直。

01 恢复至起始姿势，重复进行规定的次数。另一侧手臂拉伸时也是同样的动作要求。

STEP ▶▶▶ 02

STEP ▼ 03

右臂伸肘

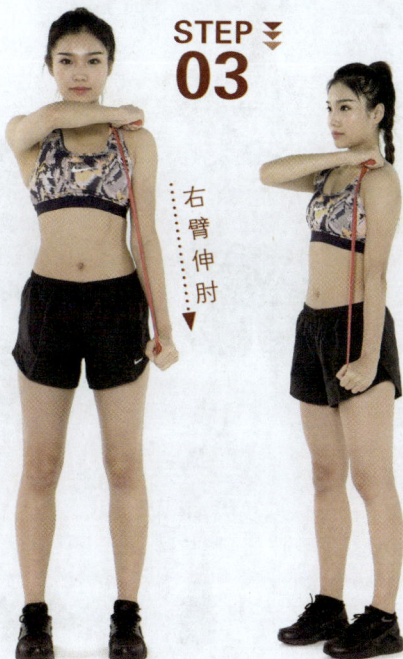

弹力带 – 站姿 – 单臂水平臂屈伸
Resistance Band–Standing–Single Arm–Horizontal Flexion and Extension Arm

STEP ▶▶
01

目标肌群 Primary Targets
肱三头肌

指导要点 Tips
保持核心收紧和身体稳定。

动作步骤 Execution

01 身体直立，双脚分开，与肩同宽，双手分别紧握弹力带两端，双臂向内弯曲至手部到达同侧肩部位置，保持弹力带有一定张力。

02 ~ 03 保持身体姿势不变，一侧手臂向外拉伸弹力带至侧平举姿势，保持手臂和弹力带均与地面平行。

01 恢复至起始姿势，重复进行规定的次数。另一侧手臂拉伸时也是同样的动作要求。

STEP ▶▶
02

单侧伸肘做
屈臂伸练习

STEP ▼
03

弹力带 – 站姿 – 双臂水平臂屈伸
Resistance Band–Standing–Double Arms–Horizontal Flexion and Extension Arm

STEP 01

目标肌群 Primary Targets
肱三头肌

指导要点 Tips
保持核心收紧和身体稳定。

动作步骤 Execution

01 身体直立，双脚分开，与肩同宽，双手分别紧握弹力带两端，双臂向内弯曲至手部到达同侧肩部位置，保持弹力带有一定张力。

02 ~ 03 保持身体姿势不变，双臂向外拉伸弹力带至侧平举姿势，保持手臂和弹力带均与地面平行。

01 恢复至起始姿势，重复进行规定的次数。

STEP 02

肘关节伸直

STEP 03

弹力带 – 单臂长号胸前推
Resistance Band–Single Arm–Push Front

STEP ▸▸
01

目标肌群 Primary Targets
肱三头肌

指导要点 Tips
保持核心收紧和身体稳定。上臂尽量保持不动。

动作步骤 Execution

01 身体直立，双脚分开，与肩同宽，双手分别紧握弹力带两端，一侧手臂向上弯曲至手部到达锁骨中心处，另一侧手臂向上抬起并向内弯曲至手部到达锁骨中心前方，使双手处于同一水平线上且弹力带与身体垂直，保持弹力带有一定张力。

02～03 保持身体姿势不变，前侧手臂向前拉伸弹力带至手臂完全伸直。

01 恢复至起始姿势，重复进行规定的次数。另一侧手臂拉伸时也是同样的动作要求。

STEP ▸▸
02

STEP ⯆
03

向外伸肘至肘关节伸直

弹力带 – 站姿 – 单臂过顶臂屈伸

Resistance Band–Standing–Single Arm–Above Head–Flexion and Extension Arm

STEP 01 ▶▶▶

目标肌群 Primary Targets
肱三头肌

指导要点 Tips
保持核心收紧和身体稳定。

动作步骤 Execution

01 身体直立，双脚分开，与肩同宽，一侧脚踩住弹力带一端，同侧手从身后紧握住弹力带另一端，使肘关节弯曲至最大限度，另一侧手臂向上弯曲，手扶住对侧手臂肘关节，保持弹力带有一定张力。

02 ~ 03 保持身体姿势不变，单臂向上拉伸弹力带至手臂完全伸直。

01 恢复至起始姿势，重复进行规定的次数。另一侧手臂拉伸时也是同样的动作要求。

STEP 02 ▶▶▶

STEP 03 ▶▶▶

单臂向上做臂屈伸练习

弹力带 – 站姿 – 双臂过顶臂屈伸
Resistance Band–Standing–Double Arms–Above Head–Flexion and Extension Arm

STEP 01 »»

目标肌群 Primary Targets
肱三头肌

指导要点 Tips
保持核心收紧和身体稳定。

动作步骤 Execution

01 身体直立，双脚分开，与肩同宽，一侧脚踩住弹力带一端，双臂向上抬起并向后弯曲，上臂贴近耳侧，双手从脑后紧握住弹力带另一端，保持弹力带有一定张力。

02 ~ 03 保持身体姿势不变，前臂向上拉伸弹力带至手臂完全伸直。

01 恢复至起始姿势，重复进行规定的次数。

STEP 02 ⬇

双臂向上伸展

STEP 03 ⬇

双臂举过头顶伸展至肘关节伸直

108

弹力带 – 站姿 – 双臂水平横向臂屈伸
Resistance Band–Standing–Double Arms–Horizontal Flexion and Extension Arm

STEP ▸▸▸ 01

目标肌群 Primary Targets
肱三头肌

指导要点 Tips
保持核心收紧和身体稳定。上臂尽量保持不动。

动作步骤 Execution

01 身体直立，双脚分开，与肩同宽，双臂向侧面抬起并向上弯曲，双手分别紧握弹力带两端，使弹力带位于略高于头顶的位置且与地面平行，保持弹力带有一定张力。

02 ~ 03 保持身体姿势不变，双臂向外向下拉伸弹力带至手臂与地面平行，使弹力带位于脑后与颈部平齐的位置。

01 恢复至起始姿势，重复进行规定的次数。

STEP ⅴ 02

STEP ⅴ 03

双臂同时向下做臂屈伸

弹力带－站姿－单臂前举臂屈伸

Resistance Band–Standing–Single Arm–Front Raise–Flexion and Extension Arm

目标肌群
Primary Targets
肱三头肌

指导要点
Tips
保持核心收紧和身体稳定。上臂尽量保持不动。

动作步骤 Execution

01 身体直立，双脚分开，与肩同宽，一侧手臂向上弯曲至肩关节和肘关节均呈90度角，单手紧握弹力带一端，弹力带另一端固定在上方的其他物体上，另一侧手臂向上弯曲，手扶住对侧手臂肘关节，保持弹力带有一定张力。

02 保持身体姿势不变，单臂向前向下拉伸弹力带至手臂完全伸直，保持肘关节位置不动。

01 恢复至起始姿势，重复进行规定的次数。另一侧手臂拉伸时也是同样的动作要求。

STEP 01

STEP 02

抗阻伸肘至肘关节伸直

弹力带 – 俯身 – 双侧臂屈伸

Resistance Band–Bend Down–Double Arms–Flexion and Extension Arm

目标肌群 Primary Targets
肱三头肌

指导要点 Tips
保持核心收紧，背部平直，身体
稳定。上臂尽量保持不动。

动作步骤 Execution

01 身体略微下蹲至大腿与地面
呈45度角，双脚分开，与肩
同宽，躯干向前倾斜至髋关
节呈90度角，前臂向前弯曲，
双手分别紧握弹力带两端，
弹力带中间固定在面前等高
的其他物体上，保持弹力带
有一定张力。

02 ~ 03
保持身体姿势不变，前臂向
后拉伸弹力带至双手到达髋
关节两侧的位置。

01 恢复至起始姿势，重复进行规
定的次数。

STEP ⌄
02

STEP ⌄
03

双臂同时做臂屈
伸至肘关节伸直

弹力带 – 分腿站姿 – 单侧臂屈伸

Resistance Band–Lunge–Single Arm–Flexion and Extension Arm

目标肌群 Primary Targets
肱三头肌

指导要点 Tips
重心放置在前脚上。上臂尽量保持不动。

动作步骤 Execution

01 上身直立，身体略微下蹲且单腿向前跨步，使双腿分开呈弓步姿势，前脚踩住弹力带中间，双手分别紧握弹力带两端，一侧手扶住前侧腿膝盖，另一侧手臂向后弯曲至手部到达腰侧的位置，保持弹力带有一定张力。

02～03 保持身体姿势不变，后侧手臂向后拉伸弹力带至手臂完全伸直。

01 恢复至起始姿势，重复进行规定的次数。另一侧手臂拉伸时也是同样的动作要求。

STEP 01

STEP 02 — 肘部向外伸展

STEP 03 — 伸展至肘关节伸直

弹力带 – 站姿 – 双臂弯举
Resistance Band–Standing–Double Arms–Curl

STEP ▶▶▶
01

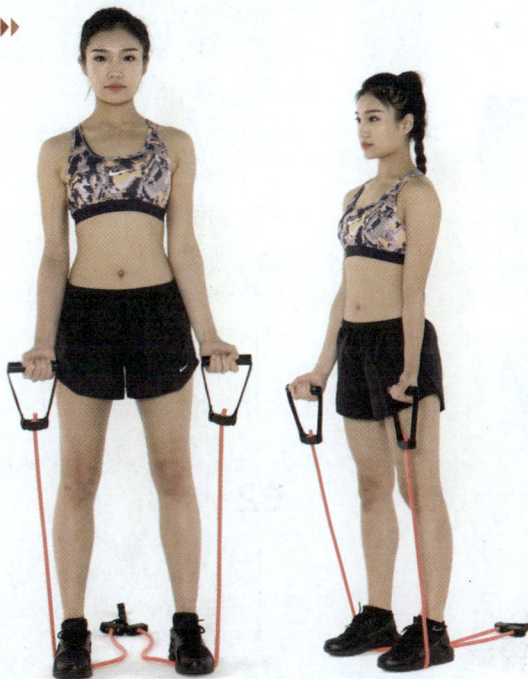

目标肌群 Primary Targets
肱二头肌

指导要点 Tips
保持核心收紧和身体稳定。上臂尽量保持不动。

动作步骤 Execution

01 身体直立，双脚分开，与肩同宽，并踩住弹力带中间，双手分别紧握弹力带两端，掌心朝前，双臂自然下垂，保持弹力带有一定张力。

02 ~ 03 保持身体姿势不变，两侧前臂向上拉伸弹力带至肘关节弯曲到最大限度。

01 恢复至起始姿势，重复进行规定的次数。

STEP ▶▶▶
02

掌心向后

STEP ⯆
03

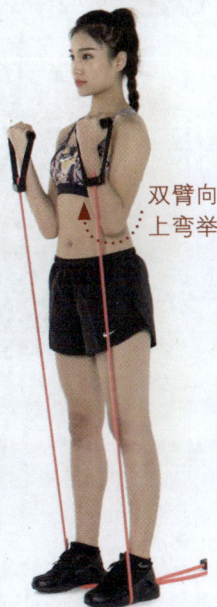

双臂向上弯举

弹力带 – 哑铃 – 站姿 – 单臂基本弯举

Resistance Band–Dumbbell–Standing–Single Arm–Curl

STEP ▶▶▶
01

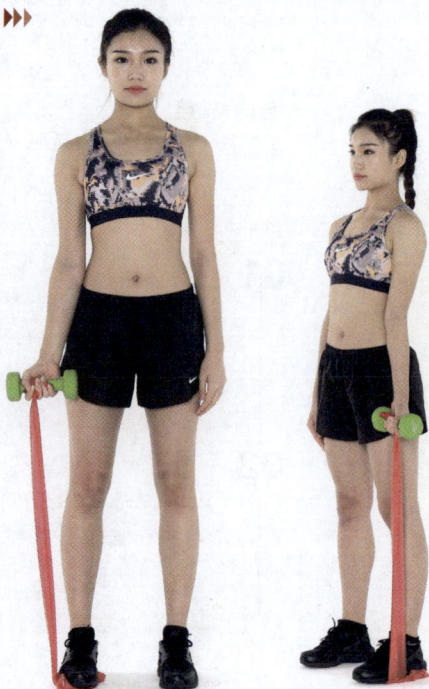

目标肌群 Primary Targets
肱二头肌

指导要点 Tips
保持核心收紧和身体稳定。上臂尽量保持不动。

动作步骤 Execution

01 身体直立，双脚分开，与肩同宽，一侧脚踩住弹力带一端，同侧手紧握一只固定住弹力带另一端的哑铃，掌心朝前，双臂自然下垂，保持弹力带有一定张力。

02 ~ 03 保持身体姿势不变，前臂向上拉伸弹力带至肘关节弯曲到最大限度。

01 恢复至起始姿势，重复进行规定的次数。另一侧手部紧握哑铃时也是同样的动作要求。

STEP ▶▶▶
02

掌心向后

STEP ⬇
03

单臂弯举

弹力带 – 站姿 – 单臂交替弯举

Resistance Band–Standing–Single Arm–Curl–Alternate

目标肌群
Primary Targets

肱二头肌

指导要点
Tips

保持核心收紧和身体稳定。上臂尽量保持不动。

动作步骤
Execution

01 身体直立，双脚分开，与肩同宽，并踩住弹力带中间，双手分别紧握弹力带两端，双臂自然下垂，保持弹力带有一定张力。

02～05 保持身体姿势不变，一侧前臂向上拉伸弹力带至肘关节弯曲到最大限度，接着回到原位，再换另一侧前臂向上拉伸弹力带至肘关节弯曲到最大限度，之后回到原位，重复进行规定的次数。

STEP 01

STEP 02

一侧单臂向上弯举

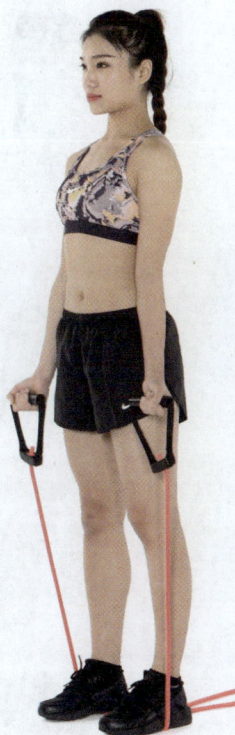

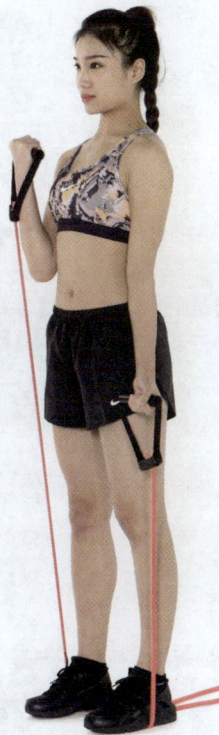

另一侧
单臂向
上弯举

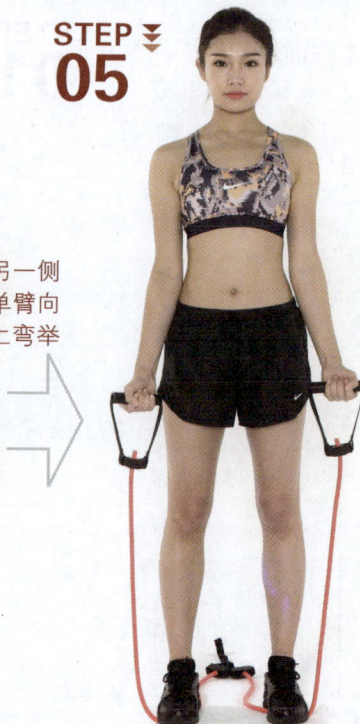

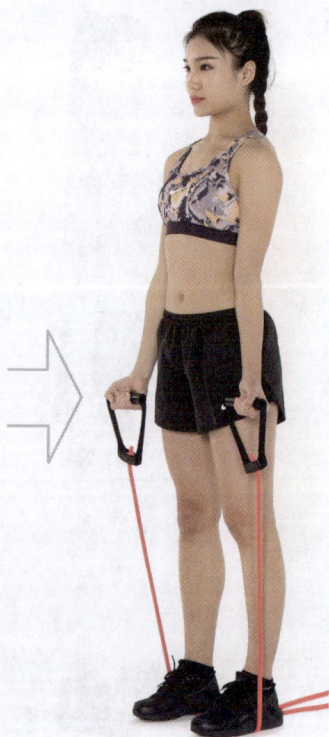

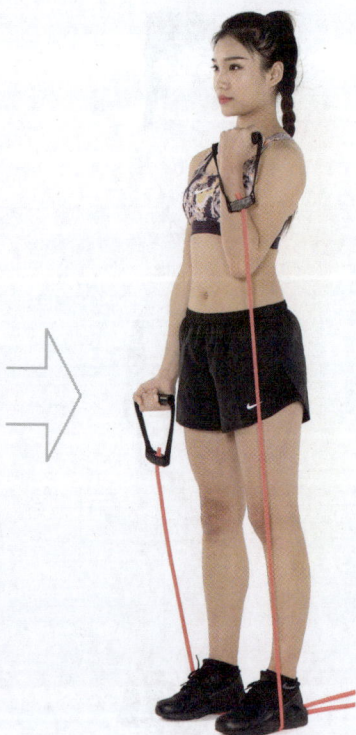

弹力带 – 站姿 – 双臂反向弯举
Resistance Band–Standing–Double Arms–Reverse Curl

目标肌群 Primary Targets
肱二头肌、肱桡肌

指导要点 Tips
保持核心收紧和身体稳定。上臂尽量保持不动。

动作步骤 Execution

01 身体直立，双脚分开，与肩同宽，并踩住弹力带中间，双手分别紧握弹力带两端，掌心朝后，双臂自然下垂，保持弹力带有一定张力。

02～03 保持身体姿势不变，两侧前臂掌心朝前向上拉伸弹力带至肘关节弯曲到最大限度。

01 恢复至起始姿势，重复进行规定的次数。

STEP **01**

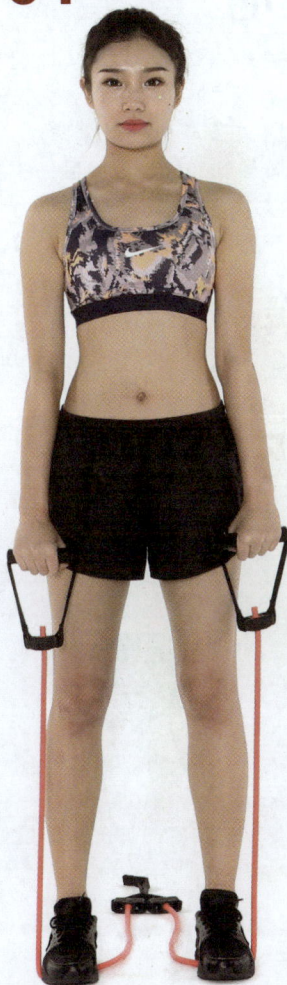

STEP **02**

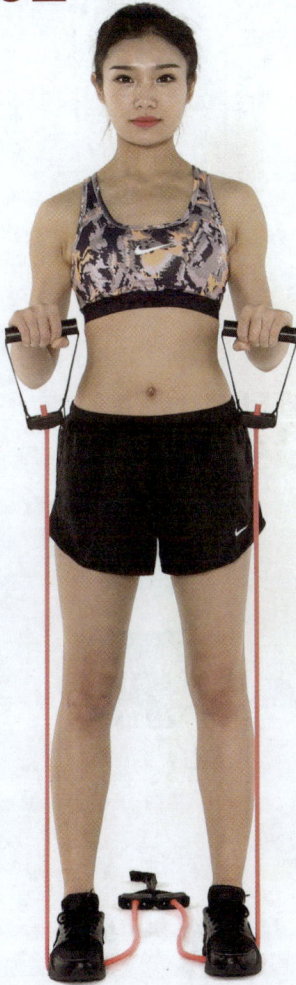

STEP **03**

掌心向前

双臂向上弯举

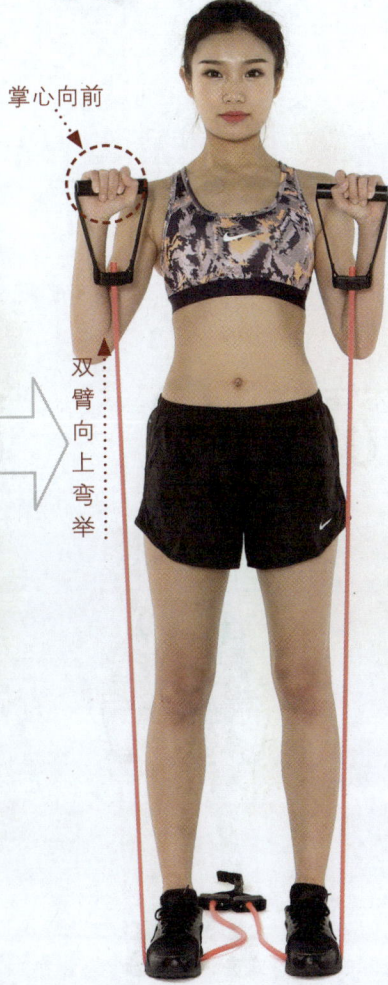

弹力带 – 站姿 – 单臂交替反向弯举
Resistance Band–Standing–Single Arm–Reverse Curl–Alternate

STEP 01

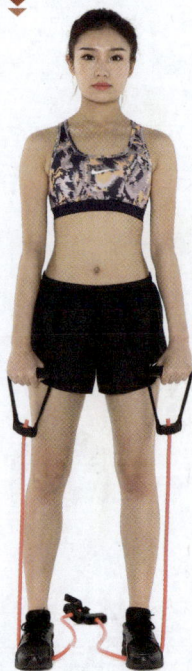

STEP 02

掌心向前

一侧单臂向上弯举

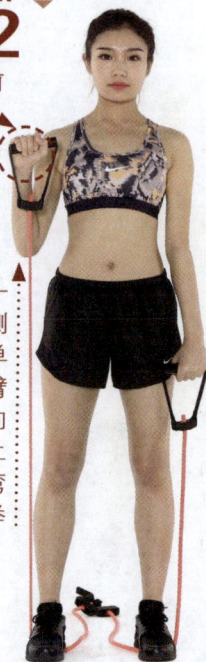

目标肌群 Primary Targets
肱二头肌、肱桡肌

指导要点 Tips
保持核心收紧和身体稳定。上臂尽量保持不动。

动作步骤 Execution

01 身体直立，双脚分开，与肩同宽，并踩住弹力带中间，双手分别紧握弹力带两端，掌心朝后，双臂自然下垂，保持弹力带有一定张力。

02 ~ 05 保持身体姿势不变，一侧前臂掌心朝前向上拉伸弹力带至肘关节弯曲到最大限度，接着回到原位，再换另一侧前臂掌心朝前向上拉伸弹力带至肘关节弯曲到最大限度，之后回到原位，重复进行规定的次数。

STEP 03

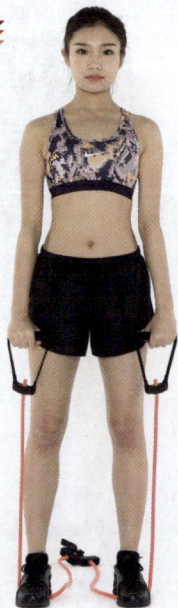

STEP 04

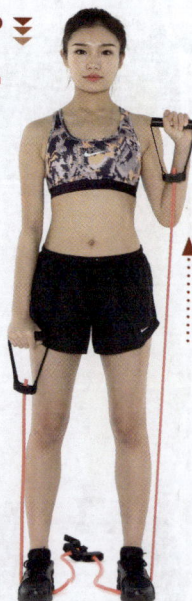

另一侧单臂向上弯举

STEP 05

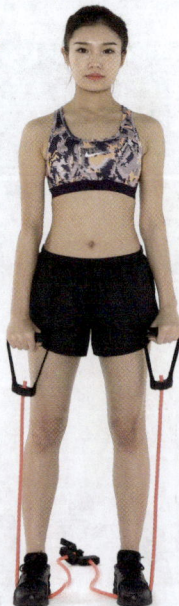

弹力带 – 站姿 – 单臂水平弯举
Resistance Band–Standing–Single Arm–Horizontal Curl

STEP ▶▶
01

目标肌群 Primary Targets
肱二头肌

指导要点 Tips
保持核心收紧和身体稳定。上臂尽量保持不动。

动作步骤 Execution

01 身体直立，双脚分开，与肩同宽，一侧手臂前平举，单手紧握弹力带一端，弹力带另一端固定在面前等高的其他物体上，另一侧手臂向内弯曲，手部扶住对侧手臂肘关节，保持弹力带有一定张力。

02~03 保持身体姿势不变，前臂向上弯曲拉伸弹力带至肘关节呈90度角，之后继续向内弯曲拉伸弹力带至肘关节弯曲到最大限度，保持肘关节位置始终不动。

01 恢复至起始姿势，重复进行规定的次数。另一侧手臂拉伸时也是同样的动作要求。

STEP ▶▶
02

肘关节抗阻弯曲至中立位

STEP ▼▼
03

继续向后抗阻弯曲

弹力带 – 分腿站姿 – 双臂基本弯举
Resistance Band–Lunge–Double Arms–Curl

目标肌群 Primary Targets
肱二头肌

指导要点 Tips
重心放置在前脚上。上臂尽量保持不动。

动作步骤 Execution

01 上身直立，身体略微下蹲且单腿向前跨步，使双腿分开呈弓步姿势，前脚踩住弹力带中间，双臂向前下方伸展，双手分别紧握弹力带两端，保持弹力带有一定张力。

02 ~ 03 保持身体姿势不变，前臂向上拉伸弹力带至肘关节弯曲到最大限度。

01 恢复至起始姿势，重复进行规定的次数。

STEP 01

STEP 02

STEP 03

双臂弯举 →

弹力带 – 站姿 – 前臂旋前
Resistance Band–Standing–Forearm Pronation

STEP ▸▸▸ 01

目标肌群 Primary Targets
旋前圆肌、旋前方肌

指导要点 Tips
保持核心收紧和身体稳定。

动作步骤 Execution

01 身体直立，双脚分开，与肩同宽，并踩住弹力带一端，一侧手臂前平举，单手紧握弹力带另一端，掌心朝上，另一侧手臂自然下垂，保持弹力带有一定张力。

02 ~ 03 保持身体姿势不变和手臂伸直，前臂向内旋转至掌心朝下。

01 恢复至起始姿势，重复进行规定的次数。另一侧手紧握弹力带时也是同样的动作要求。

STEP ▸▸▸ 02

STEP ⌄⌄ 03

前臂内旋

弹力带 – 坐姿 – 单侧伸腕练习
Resistance Band–Sitting–Single Wrist Flexion

STEP 》
01

STEP 》
02

手腕抗阻
向上背伸

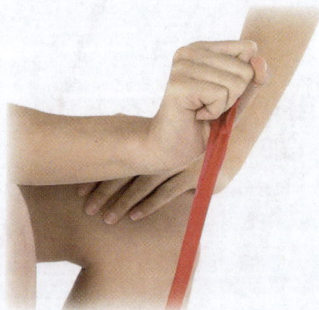

目标肌群 Primary Targets
伸腕肌群

指导要点 Tips
手臂尽量保持不动。

动作步骤 Execution

01 身体坐于训练椅上，双腿弯曲至膝关节呈90度角，双脚撑地，躯干向前倾斜，一侧脚踩住弹力带一端，同侧肘关节支撑于膝关节之上，前臂平行于地面，单手紧握弹力带另一端，掌心朝下，另一侧手扶住同侧膝关节，保持弹力带有一定张力。

02 保持身体姿势不变，腕关节向上弯曲至最大限度，掌心朝前。

01 恢复至起始姿势，重复进行规定的次数。另一侧手紧握弹力带时也是同样的动作要求。

弹力带 – 坐姿 – 单侧屈腕练习

Resistance Band–Sitting–Single Wrist Flexion

STEP ▶▶
01

STEP ▶▶
02

手腕抗阻
向上屈曲

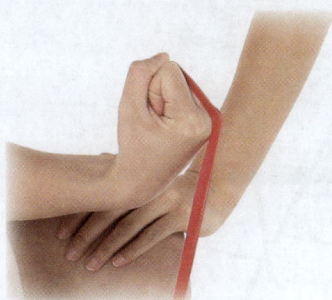

目标肌群 Primary Targets
屈腕肌群

指导要点 Tips
手臂尽量保持不动。

动作步骤 Execution

01 身体坐于训练椅上，双腿弯曲至膝关节呈90度角，双脚撑地，躯干向前倾斜，一侧脚踩住弹力带一端，同侧肘关节支撑于膝关节之上，前臂平行于地面，单手紧握弹力带另一端，掌心朝上，另一侧手扶住同侧膝关节，保持弹力带有一定张力。

02 保持身体姿势不变，腕关节向上弯曲至最大限度，掌心朝后。

01 恢复至起始姿势，重复进行规定的次数。另一侧手紧握弹力带时也是同样的动作要求。

弹力带 – 坐姿 – 双臂基本弯举

Resistance Band–Sitting–Double Arms–Curl

目标肌群
Primary Targets
肱二头肌

指导要点
Tips
保持上身挺直。
上臂尽量保持
不动。

动作步骤 Execution

01 身体坐于训练椅上，上身直立，双腿弯曲至膝关节呈90度角，双脚撑地，双臂向前下方伸展至与地面呈45度角，双手分别紧握弹力带两端，弹力带的中间固定于足底与地面之间，保持弹力带有一定张力。

02 ~ 03 保持身体姿势不变，前臂向上向后拉伸弹力带至肘关节弯曲到最大限度，保持肘关节位置不动。

01 恢复至起始姿势，重复进行规定的次数。

STEP 01

STEP 02

双臂弯举

STEP 03

弯举至胸前位置

弹力带 – 坐姿 – 单侧臂屈伸
Resistance Band–Sitting–Single Arm–Flexion and Extension Arm

目标肌群
Primary Targets
肱三头肌

指导要点
Tips
保持上身挺直。

动作步骤 Execution

01 身体坐于训练椅上，上身直立，双腿弯曲至膝关节呈90度角，双脚撑地，双手分别紧握弹力带两端，一侧手臂向前下方伸展至与地面呈45度角，手扶住对侧膝关节，另一侧手臂向上弯曲至肘关节呈90度角且前臂与地面平行，保持弹力带有一定张力。

02～03 保持身体姿势不变，弯曲手臂的前臂向下拉伸弹力带至手臂完全伸直，之后手臂向后拉伸弹力带至手臂与地面呈45度角。

01 恢复至起始姿势，重复进行规定的次数。另一侧手臂拉伸时也是同样的动作要求。

STEP 01

STEP 02

下拉弹力带

STEP 03

拉至身体后侧

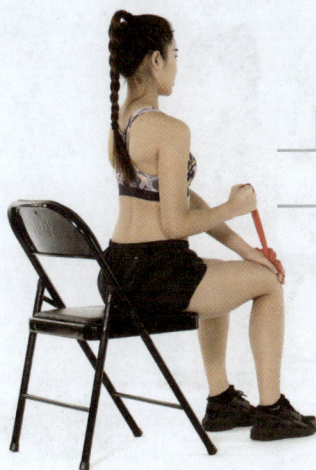

弹力带 – 训练椅 – 双侧臂屈伸

Resistance Band–Training Chair–Double Arms–Flexion and Extension Arm

目标肌群 Primary Targets
肱三头肌、肩关节周
围肌群

指导要点 Tips
保持核心收紧和
身体稳定。

动作步骤 Execution

01 身体位于训练椅前方，双腿弯曲至膝关节呈90度角，双脚撑地，
双臂伸直，双手分别紧握弹力带两端并支撑于身后的椅面上，使弹
力带从身体前侧肩部绕过，保持弹力带有一定张力。

02 身体下沉，双臂向后弯曲至肘关节呈90度角。

01 恢复至起始姿势，重复进行规定的次数。

STEP **01**

STEP **02**

弯曲双侧肘关节

弹力带 – 半跪姿 – 单臂水平弯举
Resistance Band–Half Kneeling–Single Arm–Horizontal Curl

目标肌群
Primary Targets
肱二头肌

指导要点
Tips
保持核心收紧和身体稳定。上臂尽量保持不动。

动作步骤 Execution

01 身体半跪于垫上，上身直立，一侧腿向上弯曲至髋关节和膝关节均呈90度角，脚部撑地，同侧手臂前平举，单手紧握弹力带一端，弹力带另一端固定在面前等高的其他物体上，另一侧腿向后弯曲至膝关节呈90度角，膝关节支撑于垫上，同侧手臂扶于腰部。

02 保持身体姿势不变，前臂向上弯曲拉伸弹力带至肘关节呈90度角，保持肘关节位置始终不动。

01 恢复至起始姿势，重复进行规定的次数。另一侧手臂拉伸时也是同样的动作要求。

STEP **01**

单臂弯举至肘关节呈90度角

STEP **02**

弹力带 – 跪姿 – 单侧外旋伸肘
Resistance Band–Kneeling–Single Arm–External Rotation

目标肌群
Primary Targets
肱三头肌

指导要点
Tips
保持核心收紧，背部平直，身体稳定。

动作步骤 Execution

01 身体跪于垫上，双膝分开，与肩同宽，躯干向下倾斜至髋关节和膝关节均呈90度角，一侧手臂竖直支撑于垫面，另一侧手臂向内弯曲至胸前，双手分别紧握弹力带两端，保持弹力带有一定张力。

02 ~ 03 保持身体姿势不变，悬空的手臂向后侧斜上方拉伸弹力带至手臂完全伸直。

01 恢复至起始姿势，重复进行规定的次数。另一侧手臂拉伸时也是同样的动作要求。

STEP ▶▶▶ 01

STEP ▶▶▶ 02

单侧手臂外旋

STEP ▶▶▶ 03

手臂斜向上指向天花板

手臂外旋至肘关节伸直

第5章

核心与腰腹训练

弹力带 – 旋转上提

Resistance Band–Twist–Pull Up

STEP
01

目标肌群 Primary Targets
核心肌群

指导要点 Tips
保持核心收紧和身体稳定。

动作步骤 Execution

01 身体直立，双脚分开，与肩同宽，一侧脚踩住弹力带中间，躯干向弹力带一侧扭转，双手交叠握住弹力带两端，保持弹力带有一定张力。

02 ~ 03 保持双臂伸直，躯干向对侧转动，同时，双臂也随之向侧面斜上方45度拉伸弹力带。

01 恢复至起始姿势，重复进行规定的次数。另一侧脚踩住弹力带时也是同样的动作要求。

STEP
02

上提至正前方

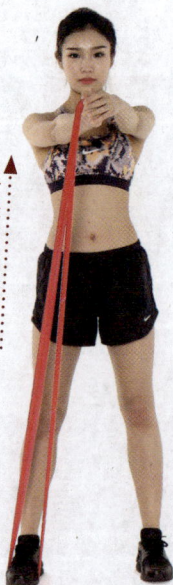

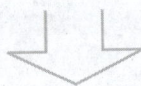

STEP
03

上提至对角线方向头顶侧方

弹力带 – 旋转下砍
Resistance Band–Twist–Pull Down

STEP 01

目标肌群 Primary Targets
核心肌群

指导要点 Tips
保持核心收紧和身体稳定。

动作步骤 Execution

01 身体直立，双脚分开，超过肩宽，躯干扭转至侧面，双臂向侧面斜上方45度伸展，双手交叠紧握弹力带一端，弹力带另一端固定在体侧上方的其他物体上，保持弹力带有一定张力。

02 ~ 03 保持双臂伸直，躯干向对侧转动，同时，双臂随之向侧面斜下方45度拉伸弹力带。

01 恢复至起始姿势，重复进行规定的次数。向另一侧旋转时也是同样的动作要求。

旋转下砍至中立位

STEP 02

旋转下砍至对角线方向

STEP 03

弹力带 – 站姿 – 躯干侧屈

Resistance Band–Standing–Torso Lateral Flexion

目标肌群 Primary Targets
腰方肌

指导要点 Tips
保持核心收紧和身体
稳定。

动作步骤 Execution

01 身体直立，双脚分开，与肩同宽，一侧脚踩住弹力带一端，同侧手
紧握弹力带另一端，双臂自然下垂，保持弹力带有一定张力。

02 保持双臂伸直，躯干向弹力带对侧弯曲至最大限度。

01 恢复至起始姿势，重复进行规定的次数。另一侧手紧握弹力带时也
是同样的动作要求。

STEP
01

STEP
02

躯干侧屈

弹力带 – 站姿 – 过顶 – 躯干侧屈

Resistance Band–Standing–Above Head–Torso Lateral Flexion

STEP 01

STEP 02

躯干向右侧侧屈

目标肌群 Primary Targets
腰方肌

指导要点 Tips
保持核心收紧和身体稳定。

动作步骤 Execution

01 身体直立，双脚分开，与肩同宽，双手分别紧握弹力带两端，双臂向侧上方伸展，使手臂与身体呈Y字形，保持弹力带有一定张力。

02 ~ 05
保持身体姿势不变，躯干向一侧弯曲至最大限度，接着回到原位，再向另一侧弯曲至最大限度，之后回到原位，重复进行规定的次数。

STEP 03

STEP 04

躯干向左侧侧屈

STEP 05

弹力带 – 站姿 – 风车练习

Resistance Band–Standing–Windmill Exercise

STEP ▶▶▶ 01

目标肌群 Primary Targets
腰方肌

指导要点 Tips
保持核心收紧和身体稳定。

动作步骤 Execution

01 身体直立，双脚分开，与肩同宽，一侧脚踩住弹力带一端，同侧手臂扶于腰部，躯干向弹力带一侧弯曲，另一侧手臂向上抬起并向对侧弯曲过头顶，单手紧握弹力带另一端，保持弹力带有一定张力。

02 ~ 03 保持手臂姿势不变，躯干恢复至直立姿势。

01 恢复至起始姿势，重复进行规定的次数。另一侧手紧握弹力带时也是同样的动作要求。

STEP ≶ 02

身体侧倾

身体向对侧侧倾至直立状态

STEP ≶ 03

弹力带 – 站姿 – 直臂 – 躯干旋转
Resistance Band–Standing–Straight Arm–Torso Twist

STEP ▶▶▶
01

目标肌群 Primary Targets
核心肌群

指导要点 Tips
保持核心收紧和身体稳定。

动作步骤 Execution

01 身体直立，双脚分开，与肩同宽，双臂前平举，双手交叠紧握弹力带一端，弹力带另一端固定在体侧等高的其他物体上，保持弹力带有一定张力。

02 ~ 03 保持双臂伸直，躯干向弹力带对侧旋转90度，手臂也随之拉伸弹力带向侧面转动90度。

01 恢复至起始姿势，重复进行规定的次数。向另一侧旋转时也是同样的动作要求。

STEP ▼
02

STEP ▼
03

侧向旋转 ·······▶

弹力带 – 站姿 – 躯干旋转
Resistance Band–Standing–Torso Twist

目标肌群 Primary Targets
核心肌群

指导要点 Tips
保持核心收紧和身体稳定。

动作步骤 Execution

01 身体直立，双脚分开，与肩同宽，双臂向上弯曲，双手交叠紧握弹力带一端置于胸前，弹力带另一端固定在体侧等高的其他物体上，保持弹力带有一定张力。

02 保持手臂姿势不变，躯干向弹力带对侧旋转90度，双臂也随之拉伸弹力带向侧面转动90度。

01 恢复至起始姿势，重复进行规定的次数。向另一侧旋转时也是同样的动作要求。

STEP
01

STEP
02

躯干向对侧旋转

弹力带 – 瑞士球 – 坐姿 – 躯干旋转
Resistance Band–Swiss Ball–Sitting–Torso Twist

STEP ▶▶
01

目标肌群 Primary Targets
核心肌群

指导要点 Tips
保持核心收紧和身体稳定。

动作步骤 Execution

01 身体坐于瑞士球上，双腿弯曲至膝关节接近90度角，双脚撑地，躯干扭转至侧面，双臂也弯曲至侧面，双手交叠紧握弹力带一端，弹力带另一端固定在体侧等高的其他物体上，保持弹力带有一定张力。

02 ~ 03 保持手臂姿势不变，转动躯干至直立姿势，双臂随之拉伸弹力带至胸前，之后继续向另一侧转动躯干，双臂也随之拉伸弹力带向另一侧转动。

01 恢复至起始姿势，重复进行规定的次数。向另一侧旋转时也是同样的动作要求。

STEP ▶▶
02

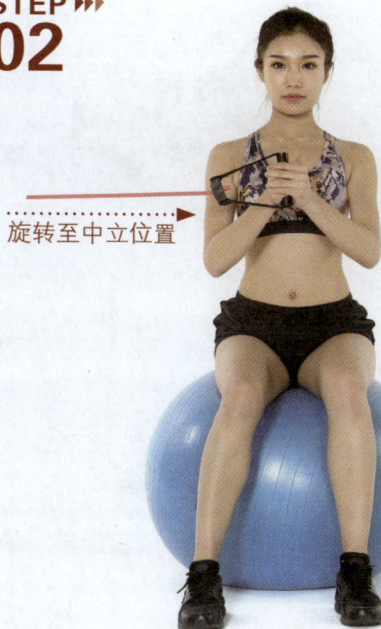

旋转至中立位置

旋转至对侧位置

STEP ☒
03

弹力带 – 仰卧 – 双腿臀桥

Resistance Band–Lying–Glute Bridge

目标肌群
Primary Targets
核心肌群

指导要点
Tips
保持躯干和大腿
呈一条直线。

动作步骤 Execution

01 身体仰卧于垫上，双腿弯曲至膝关节呈90度角，双脚撑地，双臂伸展于体侧，
双手分别紧握弹力带两端，使弹力带从腹部绕过，保持弹力带有一定张力。

02 向上顶髋，使躯干与大腿呈一条直线。

01 恢复至起始姿势，重复进行规定的次数。

STEP ▶▶
01

STEP ▶▶
02

向上抗阻做
双腿臀桥

弹力带 – 侧桥
Resistance Band–Side Bridge

目标肌群
Primary Targets

核心肌群

指导要点
Tips

保持身体呈一条直线。

动作步骤 Execution

身体伸展侧卧于垫上，双手分别紧握弹力带两端，使弹力带从背部绕过，一侧手臂向下伸展支撑身体，另一侧手臂向上伸展，双臂均垂直于地面，上侧腿置于下侧腿前方，双脚撑地，保持弹力带有一定张力，保持该姿势达到规定时间。另一侧手臂支撑身体时也是同样的动作要求。

双臂伸直

一只手握住弹力带支撑在地面上

弹力带 – 弓步平衡
Resistance Band–Lunge Balance

目标肌群 Primary Targets
核心肌群、下肢肌群

指导要点 Tips
保持核心收紧和身体
稳定。

动作步骤 Execution
上身直立，身体略微下蹲且单腿向前跨步，使双腿分开呈弓步姿势，双臂
弯曲置于腰部，将弹力带一端绕过腰部固定，弹力带另一端固定在面前等
高的其他物体上，保持弹力带有一定张力，保持该姿势达到规定时间。

向前做弓箭步

弹力带 – 单足站 – 静力平衡

Resistance Band–Standing–Single Leg–Balance

目标肌群
Primary Targets
核心肌群

指导要点
Tips
保持核心收紧和
身体稳定。

动作步骤 Execution

01 身体直立，双脚分开，与肩同宽，双臂弯曲置于腰部，将弹力带中间绕过腰部，弹力带另一端固定在身后等高的其他物体上，保持弹力带有一定张力。

02 保持身体姿势不变，一侧腿向上抬起至与地面呈45度角，保持该姿势达到规定时间。

01 恢复至起始姿势，重复进行规定的次数。另一侧腿抬起时也是同样的动作要求。

STEP 01

STEP 02

抬起一只脚
单侧腿站立

弹力带 – 站姿 – 侧方阻力平衡

Resistance Band–Standing–Single Leg–Balance–Side Resistance

目标肌群 Primary Targets
核心肌群、下肢肌群

指导要点 Tips
保持核心收紧和身体稳定。

动作步骤 Execution
身体直立，一侧腿伸展撑地，另一侧腿向后弯曲至小腿与地面平行，双臂自然下垂，将弹力带中间绕过腰部，弹力带两端固定在体侧等高的其他物体上，保持弹力带有一定张力，保持该姿势达到规定时间。另一侧腿撑地时也是同样的动作要求。

抬起一只脚稳定站立

弹力带 – 双腿 – 反向平板

Resistance Band–Double Legs–Reverse Plank

目标肌群
Primary Targets
核心肌群、臀部肌群

指导要点
Tips
保持躯干和大腿呈一条直线。

动作步骤 Execution

身体仰卧于垫上，双腿弯曲，双脚撑地，双臂向下伸展，双手分别紧握弹力带两端支撑于垫面，使弹力带从腹部绕过，保持弹力带有一定张力，向上顶髋，使躯干与大腿呈一条直线且膝关节呈90度角，保持该姿势达到规定时间。

向上顶髋

双手握住弹力带支撑在地面上

弹力带 – 单腿 – 反向平板
Resistance Band–Single Leg–Reverse Plank

目标肌群
Primary Targets
核心肌群、臀部肌群

指导要点
Tips
保持髋关节和大腿呈
一条直线。

动作步骤 Execution
身体仰卧于垫上，一侧腿弯曲，脚部撑地，另一侧腿向前伸展，双臂向下伸展，双手分别紧握弹力带两端支撑于垫面，使弹力带从腹部绕过，保持弹力带有一定张力，向上顶髋，使躯干与大腿呈一条直线且支撑腿的膝关节呈90度角，伸展腿悬空并与地面平行，保持该姿势达到规定时间。

单侧腿抬起

向上顶髋

双手握住弹力带支撑在地面上

迷你带 – 登山练习

Mini Resistance Band–Mountaineering Exercise

目标肌群
Primary Targets
核心肌群、屈髋肌群

指导要点
Tips
保持核心收紧和身体稳定。

动作步骤 Execution

01 身体俯卧于垫上，双臂向下伸展支撑身体，双腿伸直，脚尖撑地，保持平板姿势，将环状迷你弹力带绕过双脚足底，保持弹力带有一定张力。

02 ~ 04
保持躯干姿势不变，一侧腿向上弯曲至髋关节和膝关节均呈45度角，接着回到原位，再换另一侧腿向上弯曲至髋关节和膝关节均呈45度角，之后回到原位，重复进行规定的次数。

STEP ▶▶▶ 01

STEP ▶▶▶ 02

一侧腿向前
呈登山姿势

屈膝
屈髋

STEP ▶▶▶
03

STEP ▶▶▶
04

屈膝
屈髋

另一侧腿向前
呈登山姿势

迷你带 – 四点支撑 – 髋关节三方向激活
Mini Resistance Band–Four Point Support–Hip Three Directions

目标肌群
Primary Targets
核心肌群、臀部肌群

指导要点
Tips
保持核心收紧，背部平直，身体稳定。

动作步骤
Execution

01 身体跪于垫上，双膝并拢，躯干向下倾斜至髋关节和膝关节均呈90度角，双臂竖直支撑于垫面，将环状迷你弹力带绕过双腿膝关节上方，保持弹力带有一定张力。

02~06 保持躯干姿势不变和双臂伸直，一侧腿向侧面拉伸弹力带至适当距离，接着回到原位，再向斜后方45度拉伸弹力带至适当距离，之后回到原位，然后向正后方拉伸弹力带至适当距离，最后回到原位，重复进行规定的次数。另一侧腿拉伸时也是同样的动作要求。

STEP 01

迷你带套在双侧膝关节上方

STEP 02

向侧面方向抗阻移动

STEP 03

STEP ▶▶ 04

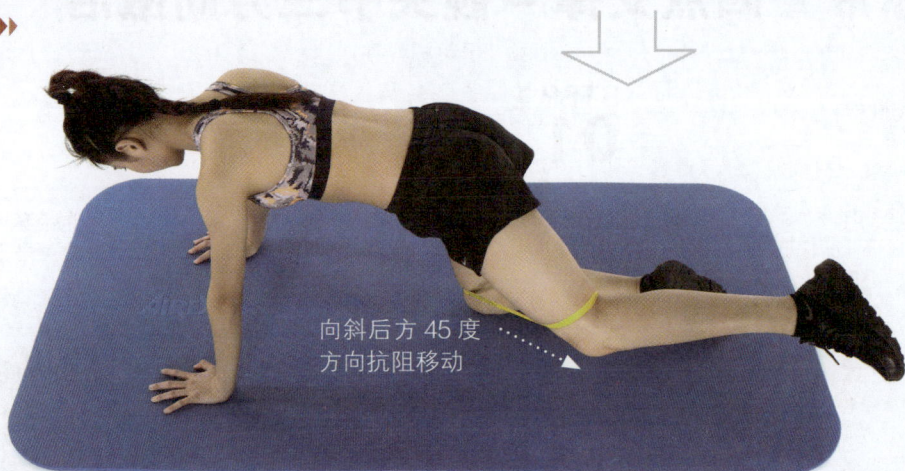

向斜后方 45 度
方向抗阻移动

STEP ▶▶ 05

STEP ▶▶ 06

向正后方
抗阻移动

迷你带 – 四点支撑 – 髋关节画圈激活

Mini Resistance Band–Four Point Support–Hip Circle

目标肌群
Primary Targets
核心肌群、臀部
肌群

指导要点
Tips
保持核心收紧，
背部平直，身体
稳定。

动作步骤 Execution

01 身体跪于垫上，双膝并拢，躯干向下倾斜至髋关节和膝关节均呈90度
角，双臂竖直支撑于垫面，将环状迷你弹力带绕过双腿膝关节上方，保
持弹力带有一定张力。

02 ~ 05
保持躯干姿势不变和双臂伸直，一侧腿抬起，膝关节按逆时针方向拉伸
弹力带。

01 恢复至起始姿势，重复进行规定的次数。另一侧腿按顺时针方向拉伸时
也是同样的动作要求。

STEP ▶▶▶
01

迷你带套在双
侧膝关节上方

STEP ▶▶▶
02

向正前方
抗阻移动

STEP ▶▶▶
03

向斜上方进行逆
时针画圈移动

STEP ▶▶▶
04

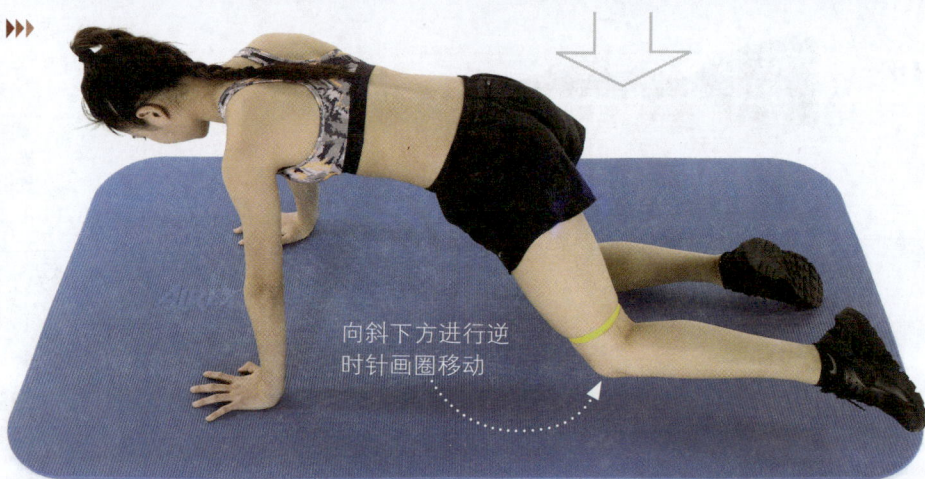

向斜下方进行逆
时针画圈移动

STEP ▶▶▶
05

向正后方进行逆
时针画圈移动

弹力带 – 跪姿卷腹
Resistance Band–Kneeling–Crunch

目标肌群 Primary Targets
腹直肌

指导要点 Tips
保持核心收紧和身体稳定。

动作步骤 Execution

01 身体跪于垫上，双膝分开，与肩同宽，躯干向前倾斜，双臂向上弯曲，双手置于头侧并分别紧握弹力带两端，弹力带中间固定在头部上方的其他物体上，保持弹力带有一定张力。

02 保持手臂姿势不变，躯干向下弯曲呈卷腹姿势，使肘关节与膝关节接触且头部接近地面。

01 恢复至起始姿势，重复进行规定的次数。

STEP 01

STEP 02

向下卷腹

弹力带 – 坐姿 – 卷腹
Resistance Band–Sitting–Crunch

目标肌群
Primary Targets
腹直肌

指导要点
Tips
保持核心收紧和身体稳定。

动作步骤 Execution

01 身体坐于训练椅上，上身直立，双腿弯曲至膝关节呈90度角，双脚撑地，前臂向上弯曲，双手置于胸前并分别紧握弹力带两端，使弹力带从椅背后侧绕过，保持弹力带有一定张力。

02 保持手臂姿势不变，躯干向下弯曲呈卷腹姿势，使肘关节与大腿接触且下巴接近手部。

01 恢复至起始姿势，重复进行规定的次数。

STEP 01

STEP 02

向前抗阻卷腹

弹力带 – 仰卧 – 卷腹
Resistance Band–Lying–Crunch

目标肌群
Primary Targets
腹直肌

指导要点
Tips
保持核心收紧和
身体稳定。颈部
不要用力。

动作步骤 Execution

01 身体仰卧于垫上，双腿弯曲至膝关节接近90度角，双脚撑地，双臂向上伸展至与地面垂直，双手分别紧握弹力带两端，弹力带中间固定在头部后方的其他物体上，保持弹力带有一定张力。

02 保持手臂姿势不变，躯干向上抬起呈卷腹姿势。

01 恢复至起始姿势，重复进行规定的次数。

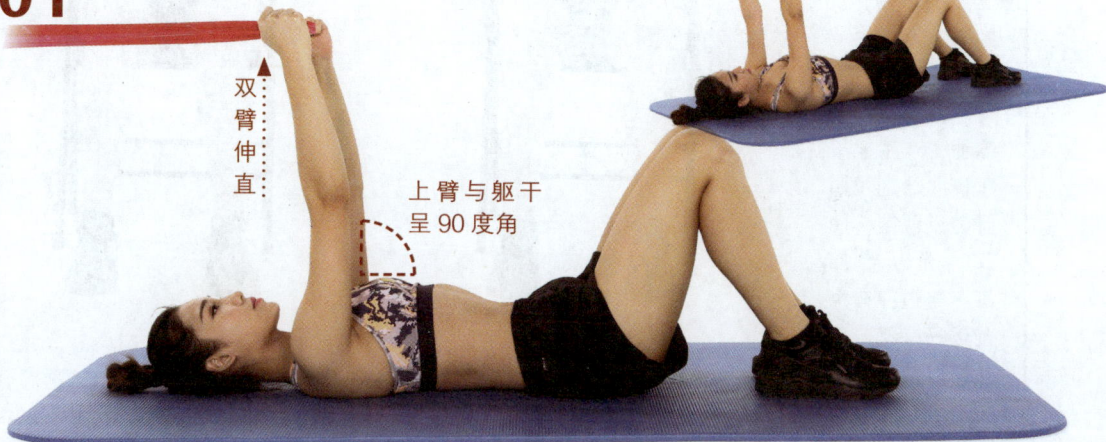

STEP ▶▶
01

双臂伸直

上臂与躯干
呈90度角

STEP ▶▶
02

向前抗阻卷腹

上臂与躯
干保持角
度不变

弹力带 – 坐姿 – 躯干旋转
Resistance Band–Sitting–Torso Twist

目标肌群
Primary Targets

腹内斜肌、腹外斜肌、回旋肌

指导要点
Tips

保持核心收紧和身体稳定。

动作步骤
Execution

01 身体坐于训练椅上，上身直立，双腿弯曲至膝关节呈90度角，双脚撑地，双臂向上弯曲，双手置于颈侧并分别紧握弹力带两端，使弹力带从臀部下方绕过并在身前进行交叉，保持弹力带有一定张力。

02～05 保持手臂姿势不变，躯干向一侧转动约45度，接着回到原位，再向另一侧转动约45度，之后回到原位，重复进行规定的次数。

STEP 01

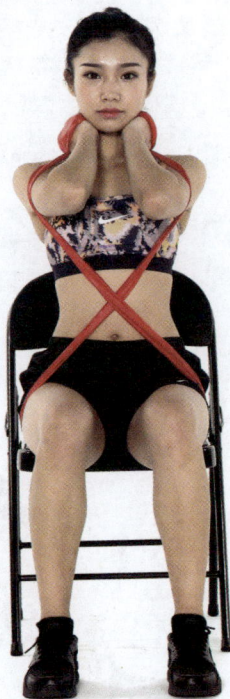

STEP 02

向一侧旋转

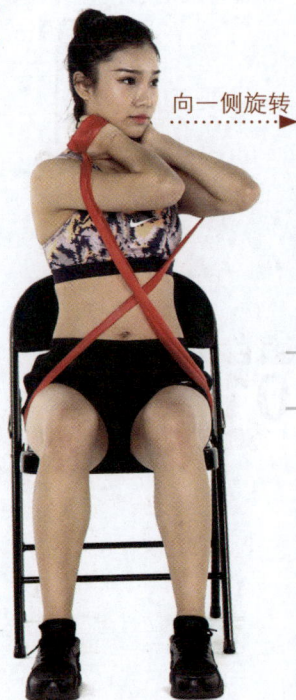

STEP 03

STEP 04

STEP 05

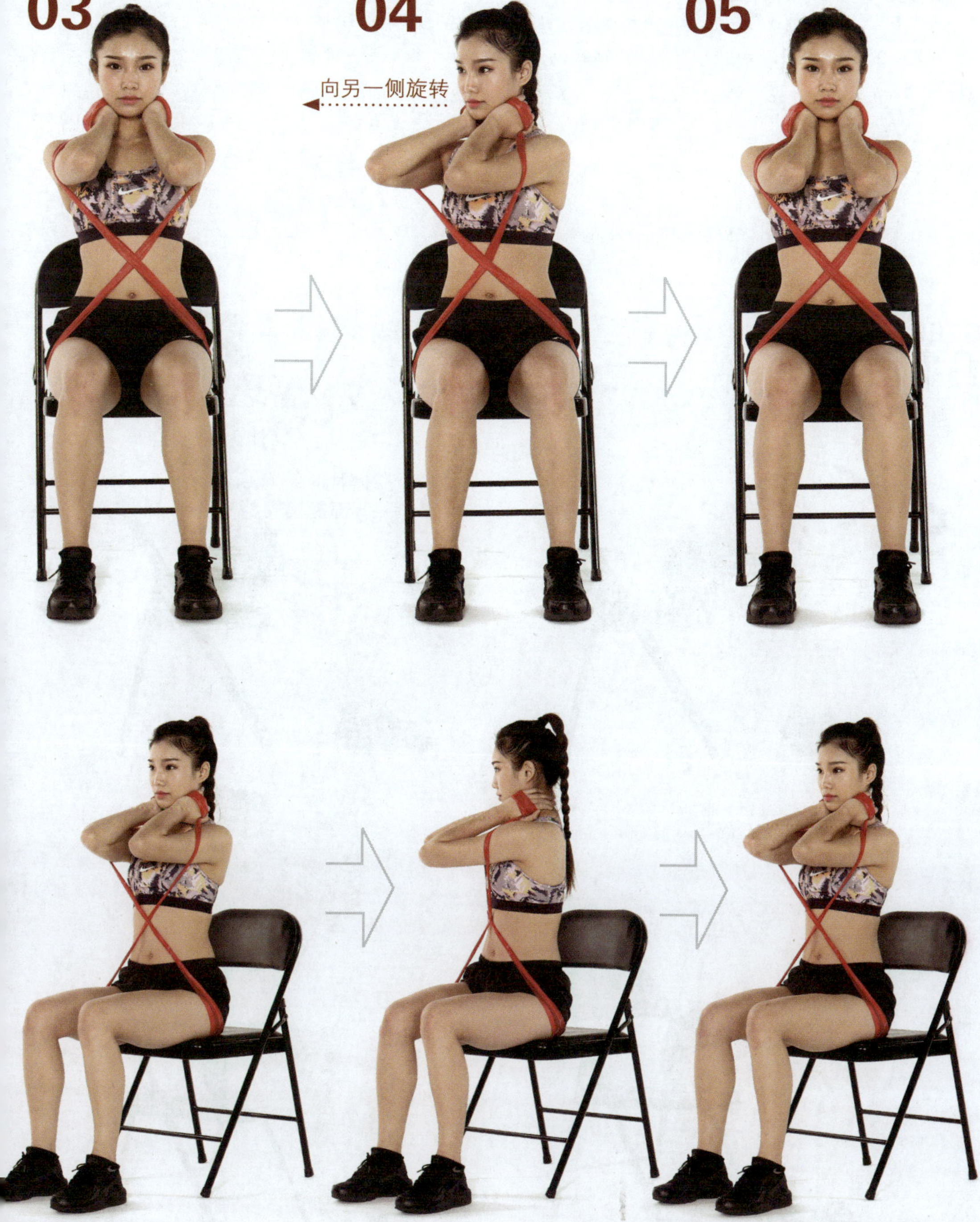

弹力带 – 坐姿 – 挺身练习

Resistance Band–Sitting–Straighten Up

目标肌群
Primary Targets
竖脊肌

指导要点
Tips
保持核心收紧和身体稳定。

动作步骤 Execution

01 身体坐于训练椅上，双腿弯曲至膝关节呈90度角，双脚撑地，双臂向上弯曲，双手置于颈侧并分别紧握弹力带两端，使弹力带从臀部下方绕过并在身前进行交叉，躯干向下弯曲呈卷腹姿势，使肘关节与膝关节接触，保持弹力带有一定张力。

02 保持手臂姿势不变，躯干向上挺起呈直立状态。

01 恢复至起始姿势，重复进行规定的次数。

STEP **01**

STEP **02**

抬肘挺身
背部挺直

弹力带 - 半跪姿 - 挺身
Resistance Band-Half Kneeling-Straighten Up

目标肌群
Primary Targets
竖脊肌、臀肌

指导要点
Tips
保持背部伸展和稳定，避免向前或向后屈背。

动作步骤 Execution

01 身体半跪于垫上，一侧腿向上弯曲至髋关节和膝关节均呈90度角，脚部撑地，双手交叠于胸前并紧握弹力带两端，使弹力带从身体背部绕过并固定在前面等高的其他物体上，另一侧腿向后弯曲至膝关节呈90度角，膝盖撑地，躯干向前倾斜，使肘关节与膝关节接触，保持弹力带有一定张力。

02 保持手臂姿势不变，躯干向上挺起呈直立状态。

01 恢复至起始姿势，重复进行规定的次数。

STEP ▶▶ 01

STEP ▶▶ 02

向后抗阻起身

向前顶髋

第6章

�î部与下肢训练

弹力带 – 深蹲
Resistance Band–Squat

目标肌群 Primary Targets
股四头肌、臀大肌、腘绳肌

指导要点 Tips
下蹲时重心后移，膝关节尽量不超过脚尖。

动作步骤 Execution

01 身体直立，双脚分开，与肩同宽，并踩住弹力带中间，双手分别紧握弹力带两端，双臂向上弯曲至肩部外侧，保持弹力带有一定张力。

02 ~ 03 保持手臂姿势不变，身体下蹲至大腿与地面接近平行。

01 恢复至起始姿势，重复进行规定的次数。

大腿与地面接近平行

深蹲

弹力带 – 双腿半蹲

Resistance Band–Double Legs–Half Squat

STEP ▶▶
01

STEP ▶▶
02

抗阻下蹲

目标肌群
Primary Targets

股四头肌、腘绳肌

指导要点
Tips

下蹲时重心后移，膝关节不超过脚尖。

动作步骤 Execution

01 身体直立，双脚分开，与肩同宽，并踩住弹力带中间，双手分别紧握弹力带两端，双臂向上弯曲至肩部外侧，保持弹力带有一定张力。

02 保持手臂姿势不变，身体下蹲至大腿与地面呈45度角。

01 恢复至起始姿势，重复进行规定的次数。

弹力带 – 单腿半蹲
Resistance Band–Single Leg–Half Squat

STEP ▶▶▶
01

目标肌群 Primary Targets
股四头肌、腘绳肌、核心肌群

指导要点 Tips
保持核心收紧和身体稳定。

动作步骤 Execution

01 身体直立，双脚分开，与肩同宽，一侧脚踩住弹力带一端，同侧手紧握弹力带另一端，手臂向上弯曲至腰部，另一侧手臂自然下垂，保持弹力带有一定张力。

02 ~ 03 保持手臂姿势不变，弹力带对侧腿向后弯曲抬起至小腿与地面平行，之后身体下蹲至支撑腿的大腿与地面呈45度角。

01 恢复至起始姿势，重复进行规定的次数。另一侧脚踩住弹力带时也是同样的动作要求。定的次数。

STEP ⏬
02

单侧脚抬起

STEP ▶▶▶
03

下蹲

弹力带 – 半蹲 – 静力稳定

Resistance Band–Half Squat–Stability

STEP ▸▸▸ 01

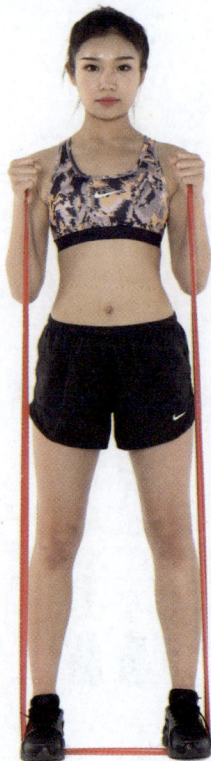

目标肌群

Primary Targets

股四头肌、臀大肌、腘绳肌

指导要点

Tips

保持核心收紧和身体稳定。

动作步骤 Execution

01 身体直立，双脚分开，与肩同宽，并踩住弹力带中间，双手分别紧握弹力带两端，双臂向上弯曲至肩部，保持弹力带有一定张力。

02 保持手臂姿势不变，身体下蹲至大腿与地面接近平行。

01 保持该姿势达到规定的时间。

STEP ▸▸▸ 02

抗阻半蹲

弹力带 – 半蹲位 – 单腿静力

Resistance Band–Half Squat–Single Leg

目标肌群 Primary Targets
股四头肌、腘绳肌、核心肌群

指导要点 Tips
保持核心收紧和身体稳定。

动作步骤 Execution
上身直立，身体半蹲至大腿与地面约呈45度角，一侧腿撑地，另一侧小腿向前抬起至膝关节伸直，双臂弯曲置于髋部，将弹力带中间绕过腰部，弹力带两端固定在面前等高的其他物体上，保持弹力带有一定张力，保持该姿势达到规定时间。另一侧腿撑地时也是同样的动作要求。

单腿半蹲

单腿抬起

弹力带 – 弯举 – 分腿蹲
Resistance Band–Curl–Split Squat

STEP ▶▶▶
01

双臂弯举

目标肌群 Primary Targets
股四头肌、臀大肌、腘绳肌

指导要点 Tips
重心放置在前脚上。下蹲时膝盖尽量不超过脚尖。

动作步骤 Execution

01 上身直立，单腿向前跨步，使双腿分开适当距离，前脚踩住弹力带中间，双臂向上弯曲至肩关节和肘关节均呈90度角，双手分别紧握弹力带两端，保持弹力带有一定张力。

02 保持手臂姿势不变，身体下蹲至前侧大腿与地面平行，后侧大腿与地面垂直。

01 恢复至起始姿势，重复进行规定的次数。

STEP ▶▶▶
02

分腿下蹲

弹力带 – 后腿抬高分腿蹲
Resistance Band–High Leg Lift–Squat

目标肌群
Primary Targets
股四头肌、腘绳肌、臀大肌

指导要点
Tips
下蹲时重心后移，膝关节不超过脚尖。

动作步骤 Execution

01 身体背对训练椅直立，一侧腿向后抬起至脚尖支撑于椅面之上，另一侧腿伸展支撑于地面，将弹力带中间绕过足底，双臂向后弯曲，双手分别紧握弹力带两端置于腰侧，保持弹力带有一定张力。

02 保持手臂姿势不变，身体下蹲至前侧大腿与地面平行。

01 恢复至起始姿势，重复进行规定的次数。另一侧腿后抬时也是同样的动作要求。

STEP ▶▶▶ 01

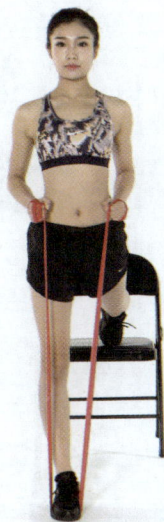

STEP ▶▶▶ 02

深蹲

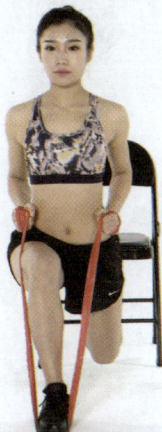

弹力带 – 阻力 – 动态分腿蹲
Resistance Band–Resistance–Dynamic Split Squats

STEP ▶▶▶
01

目标肌群 Primary Targets
股四头肌、臀大肌、腘绳肌、屈髋肌群

指导要点 Tips
保持核心收紧和身体稳定。

动作步骤 Execution

01 身体直立，双脚分开，与肩同宽，双臂弯曲置于腰部，将弹力带两端分别缠绕在双脚踝关节上，保持弹力带有一定张力。

02 ~ 03 保持躯干姿势不变，一侧腿向上抬起，之后向前跨步至前侧大腿与地面平行，后侧大腿与地面垂直。

01 恢复至起始姿势，重复进行规定的次数。另一侧腿抬起时也是同样的动作要求。

STEP ▶▶▶
02

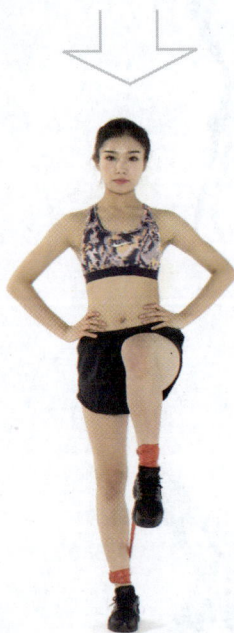

单侧腿抬起

STEP ▶▶▶
03

向前弓步

弹力带 – 阻力前弓步

Resistance Band–Resistance–Front Lunge

目标肌群 Primary Targets
股四头肌、腘绳肌、核心肌群

指导要点 Tips
保持核心收紧和身体稳定。下蹲时膝盖尽量不超过脚尖。

动作步骤 Execution

01 身体直立，双脚分开，与肩同宽，双臂弯曲置于腰部，将弹力带中间绕过腰部，弹力带两端固定在身后等高的其他物体上，保持弹力带有一定张力。

02 保持手臂姿势不变，上身直立，单腿向前跨步下蹲，使双腿分开呈弓步姿势。

01 恢复至起始姿势，重复进行规定的次数。另一侧腿向前跨步时也是同样的动作要求。

STEP 01

STEP 02

向前弓步

弹力带 – 站姿 – 半蹲侧向走
Resistance Band–Standing–Half Squat–Lateral Walk

目标肌群
Primary Targets
臀大肌、臀中肌、阔筋膜张肌

指导要点
Tips
保持核心收紧和身体稳定。重心不要起伏。

动作步骤 Execution

01 上身直立，身体半蹲至大腿与地面约呈45度角，双脚分开，与肩同宽，并踩住弹力带中间，双手分别紧握弹力带两端，双臂向上弯曲至肩部，保持弹力带有一定张力。

02 ~ 03 保持手臂姿势不变，一侧腿向同侧迈步，另一侧腿跟随迈步，使双脚间距恢复与肩同宽，重复进行规定的次数。向另一侧迈步时也是同样的动作要求。

STEP ►►► 01

STEP ►►► 02

一侧腿向侧向迈步

STEP ►►► 03

另一侧腿跟步

迷你带 – 半蹲 – 侧向走

Mini Resistance Band–Half Squat–Lateral Walk

目标肌群
Primary Targets
臀部肌群

指导要点
Tips
保持核心收紧和身体稳定。重心不要起伏。

动作步骤 Execution

01 躯干向前倾斜，身体半蹲至大腿与地面约呈45度角，双脚分开，与肩同宽，将环状迷你弹力带绕过双腿踝关节，双臂向上弯曲至手到达胸前，保持弹力带有一定张力。

02 ~ 03
保持半蹲姿势，一侧腿向同侧迈步，同侧手臂向前摆动，对侧手臂向后摆动，另一侧腿跟随迈步，使双脚间距恢复与肩同宽，手臂也回到原位，重复进行规定的次数。向另一侧迈步时也是同样的动作要求。

STEP 01

STEP 02

侧向小步走

STEP 03

另一只脚同样侧向小步走

注意摆臂

另一只脚同样侧向小步走

迷你带 – 半蹲 – 直线走

Mini Resistance Band–Half Squat–Straight Walk

目标肌群

Primary Targets

臀部肌群

指导要点

Tips

保持核心收紧和身体稳定。重心不要起伏。

动作步骤 Execution

01 躯干向前倾斜，身体半蹲至大腿与地面约呈45度角，双脚分开，超过肩宽，将环状迷你弹力带绕过双腿踝关节，双臂向上弯曲至手到达胸前，保持弹力带有一定张力。

02 ~ 03 保持半蹲姿势，一侧腿向前迈步，身体重心向前转移，同侧手臂向后摆动，另一侧腿脚尖点地，同侧手臂向前摆动，之后另一侧腿向前迈步，手臂交替摆动，重复进行规定的次数。

STEP 01

STEP 02

STEP 03

小步向前走

迷你带 – 深蹲 – 直线走
Mini Resistance Band–Squat–Straight Walk

目标肌群
Primary Targets
臀部肌群、股四头肌

指导要点
Tips
保持核心收紧和身体稳定。重心不要起伏。

动作步骤 Execution

01 躯干向前倾斜，身体深蹲至大腿与地面平行，双脚分开，超过肩宽，将环状迷你弹力带绕过双腿踝关节，双臂向上弯曲至手到达胸前，保持弹力带有一定张力。

02～03 保持深蹲姿势，一侧腿向前迈步，身体重心向前转移，同侧手臂向后摆动，另一侧腿脚尖点地，同侧手臂向前摆动，之后另一侧腿向前迈步，手臂交替摆动，重复进行规定的次数。

STEP 01

STEP 02

STEP 03

小步向前走

弹力带 – 站姿 – 双腿硬拉
Resistance Band–Standing–Double Legs–Dead Lift

STEP ▶▶▶
01

目标肌群 Primary Targets
臀大肌、腘绳肌

指导要点 Tips
保持核心收紧和身体稳定。

动作步骤 Execution

01 躯干向前倾斜，身体略微下蹲至大腿与地面呈45度角，双脚分开，与肩同宽，并踩住弹力带中间，双手分别紧握弹力带两端，双臂向下伸展至手部到达膝关节两侧，保持弹力带有一定张力。

02~03 保持手臂伸直，身体向上直立，双臂自然下垂于体侧。

01 恢复至起始姿势，重复进行规定的次数。

STEP ⯆
02

向上硬拉弹力带

硬拉至躯干挺直

◀◀**STEP**
03

弹力带 – 站姿 – 单侧髋后伸
Resistance Band–Standing–Single Hip Back Extension

目标肌群 Primary Targets
臀大肌、腘绳肌

指导要点 Tips
保持膝关节伸直和身体稳定。上身不要前倾。

动作步骤 Execution

01 身体直立，双脚分开，与肩同宽，双臂弯曲置于腰间，将弹力带一端绕过一侧踝关节固定，弹力带另一端固定在脚前等高的其他物体上，保持弹力带有一定张力。

02 保持躯干姿势不变，环绕弹力带的腿向后拉伸弹力带至与地面呈45度角。

01 恢复至起始姿势，重复进行规定的次数。另一侧腿拉伸时也是同样的动作要求。

STEP 01

STEP 02

单侧腿向后伸

迷你带 – 单足站 – 髋关节后伸

Mini Resistance Band–Standing–Single Leg–Hip Back Extension

目标肌群
Primary Targets
臀大肌

指导要点
Tips
保持核心收紧和身体稳定。

动作步骤 Execution

01 身体直立，双臂弯曲置于腰间，一侧腿伸展支撑身体，另一侧腿向后弯曲至小腿与地面平行，将环状迷你弹力带分别绕过支撑腿的踝关节和悬空腿的足底，保持弹力带有一定张力。

02 保持躯干挺直，悬空腿向后水平拉伸弹力带至大腿与地面约呈45度角。

01 恢复至起始姿势，重复进行规定的次数。另一侧腿拉伸时也是同样的动作要求。

STEP 01

STEP 02

抬起一只脚

髋关节后伸

弹力带 – 站姿 – 单侧腘绳肌收缩

Resistance Band–Standing–Single Hamstring Contract

目标肌群 Primary Targets
腘绳肌

指导要点 Tips
保持核心收紧和身体稳定。

动作步骤 Execution

01 身体直立，双臂弯曲置于腰部，将弹力带一端绕过一侧踝关节固定，弹力带另一端固定在面前等高的其他物体上，保持弹力带有一定张力。

02 保持躯干姿势不变，腿部向后弯曲拉伸弹力带至膝关节呈90度角。

01 恢复至起始姿势，重复进行规定的次数。另一侧腿拉伸时也是同样的动作要求。

STEP
01

STEP
02

单侧腿向后屈膝

弹力带 – 站姿 – 单侧髋前屈

Resistance Band–Standing–Single Hip Anteflexion

STEP ▶▶▶ 01

目标肌群 Primary Targets
屈髋肌群

指导要点 Tips
保持膝关节伸直和身体稳定。

动作步骤 Execution

01 身体直立,双脚分开,与肩同宽,双臂弯曲置于腰部,将弹力带一端绕过一侧踝关节固定,弹力带另一端固定在身后等高的其他物体上,保持弹力带有一定张力。

02 ~ 03 保持躯干姿势不变,环绕弹力带的腿向前抬起拉伸弹力带至腿与地面呈45度角。

01 恢复至起始姿势,重复进行规定的次数。另一侧腿拉伸时也是同样的动作要求。

STEP ▶▶▶ 02

单侧腿抬起

◀◀◀ STEP 03

髋关节前屈避免膝关节弯曲

弹力带 – 站姿 – 单侧髋内收
Resistance Band–Standing–Single Hip Adduction

目标肌群 Primary Targets
髋内收肌群

指导要点 Tips
保持膝关节伸直和身体稳定。

动作步骤 Execution

01 身体直立，双臂弯曲置于腰部，一侧腿伸展，脚支撑地面，另一侧腿向体侧伸展，脚尖点地，将弹力带一端绕过踝关节固定，弹力带另一端固定在体侧等高的其他物体上，保持弹力带有一定张力。

02 ~ 03 保持躯干姿势不变，腿向内拉伸弹力带至身体正面位置，之后继续向对侧拉伸弹力带至身体对侧位置。

01 恢复至起始姿势，重复进行规定的次数。另一侧腿拉伸时也是同样的动作要求。

STEP >>>
02

STEP ⅀
03

内收至中立位置 ·········>

内收至对侧位置 ·········>

弹力带 – 站姿 – 单侧髋外展

Resistance Band–Standing–Single Hip Abduction

STEP ▶▶▶
01

目标肌群 Primary Targets
髋外展肌群

指导要点 Tips
保持膝关节伸直和身体稳定。

动作步骤 Execution

01 身体直立，双脚分开，与肩同宽，双臂弯曲置于腰部，将弹力带一端绕过一侧踝关节固定，另一侧脚踩住弹力带另一端，保持弹力带有一定张力。

02 ~ 03 保持躯干姿势不变，环绕弹力带的腿向体侧拉伸弹力带至腿部与地面呈45度角。

01 恢复至起始姿势，重复进行规定的次数。另一侧拉伸时也是同样的动作要求。

STEP ▶▶▶
02

STEP ▶▶▶
03

单侧腿外展

迷你带 – 站姿 – 髋前屈 – 外旋位

Mini Resistance Band–Standing–Hip Anter Flexion–External Rotation

目标肌群 Primary Targets
屈髋肌群

指导要点 Tips
保持核心收紧和身体
稳定。

动作步骤 Execution

01 身体直立，双臂弯曲置于腰部，一侧脚尖朝前，另一侧脚尖朝外，
将环状迷你弹力带绕过双脚足底，保持弹力带有一定张力。

02 保持躯干姿势不变，脚尖朝外的腿部向上抬起并弯曲至髋关节和
膝关节均接近90度角。

01 恢复至起始姿势，重复进行规定的次数。另一侧腿抬起时也是同样
的动作要求。

STEP 01

STEP 02

髋关节外旋

弹力带 – 瑞士球 – 站姿 – 单侧髋外旋

Resistance Band–Swiss Ball–Standing–Single Hip External Rotation

目标肌群
Primary Targets
髋外旋肌群

指导要点
Tips
保持核心收紧和
身体稳定。

动作步骤 Execution

01 身体直立，双臂弯曲置于腰部，一侧腿伸展，脚部撑地，另一侧腿向后弯曲至膝盖呈90度角且小腿置于瑞士球上，将弹力带一端绕过膝关节上方固定，弹力带另一端固定在体侧等高的其他物体上，保持弹力带有一定张力。

02 保持躯干姿势不变，环绕弹力带的腿向外滚动瑞士球并拉伸弹力带至大腿与地面呈45度角。

01 恢复至起始姿势，重复进行规定的次数。另一侧腿拉伸时也是同样的动作要求。

STEP 01

STEP 02

单侧髋外旋

弹力带 – 站姿 – 双脚提踵

Resistance Band–Standing–Double Feet–Calf Raises

目标肌群
Primary Targets
小腿三头肌

指导要点
Tips
保持核心收紧
和身体稳定。

动作步骤 Execution

01 身体直立，双腿并拢，双脚前脚掌踩住弹力带中间，双手分别紧握弹力带
两端，双臂自然下垂，保持弹力带有一定张力。

02 保持身体姿势不变，足跟向上抬起至最大限度。

01 恢复至起始姿势，重复进行规定的次数。

STEP 01

STEP 02

向上提踵

弹力带 – 坐姿 – 单侧蹬腿

Resistance Band–Sitting–Single Leg Kick

目标肌群
Primary Targets
股四头肌

指导要点
Tips
保持核心收紧和
身体稳定。

动作步骤 Execution

01 身体坐于训练椅上，躯干后仰至背部接触椅背，一侧腿弯曲至膝关节接近90度角，单脚撑地，另一侧腿向上抬起弯曲至膝关节呈45度角，脚部与对侧膝关节等高，将弹力带中间绕过足底，双臂向后弯曲，双手分别紧握弹力带两端置于腰侧，保持弹力带有一定张力。

02 保持手臂姿势不变，悬空腿向前拉伸弹力带至膝关节伸直。

01 恢复至起始姿势，重复进行规定的次数。另一侧腿撑地时也是同样的动作要求。

STEP
01

STEP
02

单侧腿向前下方蹬
出至膝关节伸直

弹力带 – 坐姿 – 单侧屈髋 – 屈膝位

Resistance Band–Sitting–Single Hip Anteflexion

目标肌群
Primary Targets
屈髋肌群

指导要点
Tips
保持核心收紧和身体稳定。

动作步骤 Execution

01 身体坐于与腰部等高的跳箱上，上身直立，双臂自然下垂扶于箱面，膝关节位于跳箱外侧并弯曲，小腿悬空，将弹力带一端绕过一侧脚部踝关节固定，弹力带另一端固定在腿后等高的其他物体上，保持弹力带有一定张力。

02 保持躯干姿势不变，小腿向上拉伸弹力带至踝关节与对侧膝关节等高。

01 恢复至起始姿势，重复进行规定的次数。另一侧腿拉伸时也是同样的动作要求。

STEP 01

STEP 02

保持屈膝

单侧腿向上屈髋

弹力带 – 坐姿 – 单侧伸膝
Resistance Band–Sitting–Single Knee Stretches

目标肌群
Primary Targets
股四头肌

指导要点
Tips
保持核心收紧
和身体稳定。

动作步骤 Execution

01 身体坐于与腰部等高的跳箱上，上身直立，双臂自然下垂扶于箱面，膝关节位于跳箱外侧并弯曲，小腿悬空，将弹力带一端绕过一侧脚部踝关节固定，弹力带另一端固定在腿后等高的其他物体上，保持弹力带有一定张力。

02 保持躯干姿势不变，小腿向前拉伸弹力带至腿部完全伸直。

01 恢复至起始姿势，重复进行规定的次数。另一侧腿拉伸时也是同样的动作要求。

STEP 01

STEP 02

单侧腿抗阻抬起
至膝关节伸直

迷你带 – 坐姿 – 双侧髋外展

Mini Resistance Band–Sitting–Double Hip Abduction

目标肌群
Primary Targets
髋外展肌群

指导要点
Tips
保持核心收紧
和身体稳定。

动作步骤 Execution

01 身体坐于训练椅上，双腿弯曲，双脚撑地，双臂弯曲扶于膝盖，将环状迷你弹力带绕过双腿膝关节，使双腿并拢，保持弹力带有一定张力。

02 保持躯干姿势不变，双腿向两侧拉伸弹力带至最大限度。

01 恢复至起始姿势，重复进行规定的次数。

STEP **01**

STEP **02**

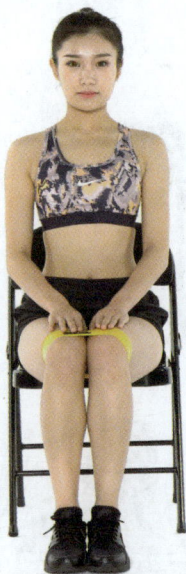

双侧同时
髋外展

弹力带 – 坐姿 – 单侧踝背屈

Resistance Band–Sitting–Single Ankle Dorsiflexion

目标肌群
Primary Targets
胫骨前肌

指导要点
Tips
保持核心收紧
和身体稳定。

动作步骤 Execution

01 身体坐于与腰部等高的跳箱上，上身直立，双臂自然下垂扶于箱面，膝关节位于跳箱外侧并弯曲，小腿悬空，将弹力带一端绕过一侧前脚掌固定，使脚尖朝下，弹力带另一端固定在腿后下方的其他物体上，保持弹力带有一定张力。

02 保持躯干姿势不变，前脚掌向上拉伸弹力带至踝关节弯曲到最大限度。

01 恢复至起始姿势，重复进行规定的次数。另一侧前脚掌拉伸时也是同样的动作要求。

STEP
01

STEP
02

单侧脚做勾
脚尖动作

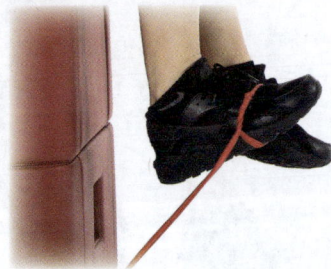

弹力带 – 坐姿 – 单侧踝跖屈
Resistance Band–Sitting–Single Ankle Plantar Flexion

目标肌群
Primary Targets
比目鱼肌

指导要点
Tips
保持核心收紧和
身体稳定。

动作步骤 Execution

01 身体坐于与腰部等高的跳箱上，上身直立，膝关节位于跳箱外侧并弯曲，小腿悬空，将弹力带一端绕过一侧前脚掌固定，使脚尖朝斜上方，双臂向前伸展，双手紧握弹力带另一端置于膝关节上方，保持弹力带有一定张力。

02 保持躯干姿势不变，前脚掌向下拉伸弹力带至踝关节伸展到最大限度。

01 恢复至起始姿势，重复进行规定的次数。另一侧腿拉伸时也是同样的动作要求。

STEP 01

STEP 02

单侧脚做踮
脚尖动作

弹力带 – 坐姿 – 单侧踝跖屈 – 直膝

Resistance Band–Sitting–Single Ankle Plantar Flexion–Straight Knee

目标肌群 Primary Targets
腓肠肌

指导要点 Tips
保持膝关节伸直和身体稳定。

动作步骤 Execution

01 身体坐于训练椅上，躯干直立，一侧腿弯曲至膝关节接近90度角，单脚撑地，另一侧腿向上抬起至与地面呈45度角，将弹力带中间绕过前脚掌，使脚尖朝上，双臂向后弯曲，双手紧握弹力带两端置于腰前，保持弹力带有一定张力。

02 保持躯干姿势不变，前脚掌向下拉伸弹力带至踝关节伸展到最大限度。

01 恢复至起始姿势，重复进行规定的次数。另一侧腿拉伸时也是同样的动作要求。

STEP ▶▶▶
01

STEP ▶▶▶
02

单侧脚做踮脚尖动作

弹力带 – 坐姿 – 单侧踝背屈 – 直膝
Resistance Band–Sitting–Single Ankle Dorsiflexion–Straight Knee

目标肌群 Primary Targets
胫骨前肌

指导要点 Tips
保持膝关节伸直和身体稳定。

动作步骤 Execution

01 身体坐于训练椅上，上身直立，双臂弯曲置于腰间，一侧腿弯曲至膝关节接近90度角，单脚撑地，另一侧腿向前伸展，足跟点地，将弹力带一端绕过前脚掌固定，使脚尖朝前，弹力带另一端固定在脚前等高的其他物体上，保持弹力带有一定张力。

02 保持躯干姿势不变，前脚掌向后拉伸弹力带至踝关节弯曲到最大限度。

01 恢复至起始姿势，重复进行规定的次数。另一侧腿拉伸时也是同样的动作要求。

STEP ▶▶
01

STEP ▶▶
02

单侧脚做踮脚尖动作

189

弹力带 – 单侧足内翻
Resistance Band–Sitting–Single Foot Inversion

目标肌群
Primary Targets
胫骨前肌、胫骨
后肌

指导要点
Tips
保持膝关节伸直
和身体稳定。

动作步骤 Execution

01 身体坐于按摩床上，躯干略微后仰，双臂伸展于身后支撑身体，双腿向前伸展，将弹力带一端绕过一侧前脚掌固定，使脚尖朝外，弹力带另一端固定在腿侧等高的其他物体上，保持弹力带有一定张力。

02 保持躯干姿势不变，前脚掌向内旋转拉伸弹力带至双脚并拢。

01 恢复至起始姿势，重复进行规定的次数。另一侧前脚掌拉伸时也是同样的动作要求。

STEP 01

STEP 02

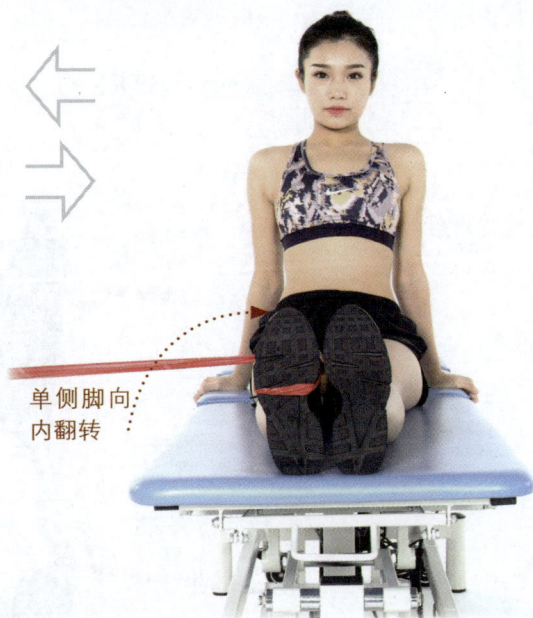

单侧脚向内翻转

迷你带 – 双侧足外翻

Mini Resistance Band–Sitting–Double Feet Eversion

目标肌群
Primary Targets
腓骨长肌、腓骨短肌

指导要点
Tips
保持膝关节伸直和身体稳定。

动作步骤 Execution

01 身体坐于按摩床上，躯干略微后仰，双臂伸展于身后支撑身体，双腿向前伸展，将环状迷你弹力带绕过双脚前脚掌，保持弹力带有一定张力。

02 保持躯干姿势不变，前脚掌向两侧旋转拉伸弹力带至最大限度。

01 恢复至起始姿势，重复进行规定的次数。

STEP 01

STEP 02

双侧脚同时
向外翻转

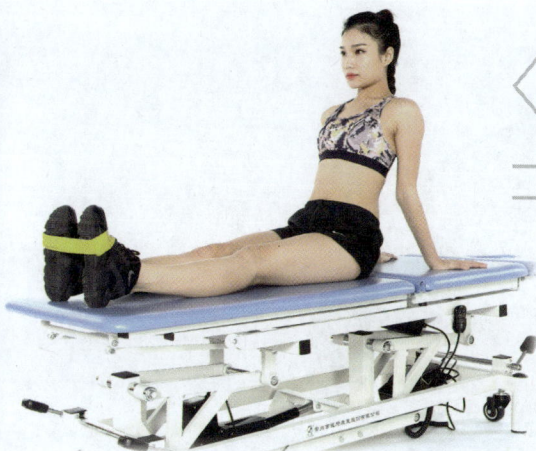

弹力带 – 坐姿 – 腘绳肌拉伸

Resistance Band–Sitting–Hamstring Stretch

目标肌群
Primary Targets
腘绳肌

指导要点
Tips
保持膝关节伸直
和身体稳定。

动作步骤 Execution

01 身体坐于垫上，上身直立，双腿向前伸展，将弹力带中间绕过双脚前脚掌，脚尖朝前上方，双手分别紧握弹力带两端，双臂向斜下方伸展，保持弹力带有一定张力。

02 保持腿部姿势不变，躯干向前倾斜，双臂向后弯曲拉伸弹力带至手部到达接近胸部的位置，同时前脚掌背屈至最大限度。

01 恢复至起始姿势，重复进行规定的次数。

STEP ▶▶▶ 01

STEP ▶▶▶ 02

向前屈身

双臂后拉至躯干两侧

脚背屈

弹力带 – 仰卧 – 单腿蹬

Resistance Band–Lying–Single Leg Kick

目标肌群
Primary Targets
股四头肌

指导要点
Tips
保持核心收紧
和身体稳定。

动作步骤 Execution

01 身体仰卧于垫上，一侧腿伸展，另一侧腿向上抬起弯曲至髋关节和膝关节均呈45度角，将弹力带中间绕过足底，双臂向上弯曲，双手分别紧握弹力带两端置于胸前，保持弹力带有一定张力。

02 保持手臂姿势不变，悬空腿向前拉伸弹力带至膝关节伸直。

01 恢复至起始姿势，重复进行规定的次数。另一侧腿伸展时也是同样的动作要求。

STEP 01

单侧腿屈
髋屈膝

STEP 02

⇓ ⇑

单侧伸髋伸膝
至膝关节伸直

弹力带 – 仰卧 – 单侧伸髋

Resistance Band–Lying–Single Hip Extension

目标肌群

Primary Targets

腘绳肌、臀大肌

指导要点

Tips

保持膝关节伸展和身体稳定。

动作步骤 Execution

01 身体仰卧于垫上，双臂伸展于体侧，双腿伸直，将弹力带一端绕过一侧踝关节固定，腿向上抬起至髋关节呈90度角，弹力带另一端固定在身后与踝关节等高的其他物体上，保持弹力带有一定张力。

02 保持躯干姿势不变，抬起的腿向下拉伸弹力带至足跟接触垫面。

01 恢复至起始姿势，重复进行规定的次数。另一侧腿拉伸时也是同样的动作要求。

STEP 01

STEP 02

单侧髋后伸向地面方向移动

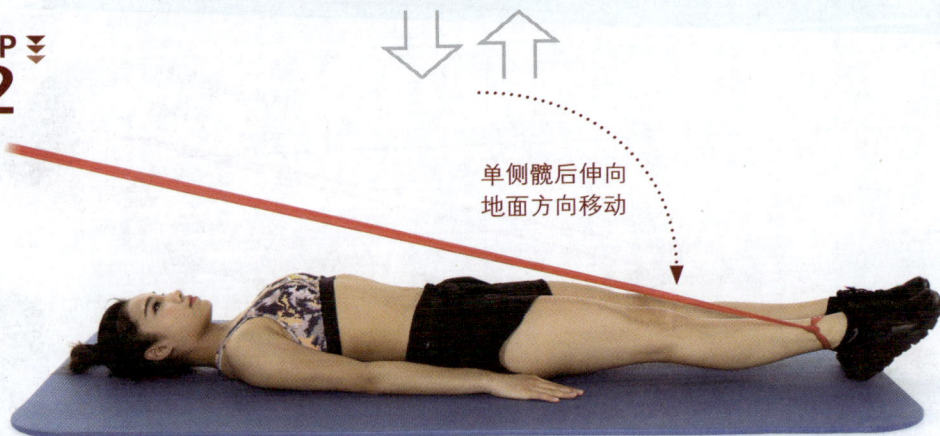

迷你带 – 仰卧 – 单侧髋外展
Mini Resistance Band–Lying–Single Hip Abduction

目标肌群
Primary Targets
髋外展肌群

指导要点
Tips
保持膝关节伸直
和身体稳定。

动作步骤 Execution

01 身体仰卧于垫上，双臂向内弯曲，双手交叠于腰部，双腿伸直，将环状迷你弹力带绕过双腿膝关节上方，保持弹力带有一定张力。

02 保持躯干姿势不变，一侧腿向体侧拉伸弹力带至双腿夹角为45度。

01 恢复至起始姿势，重复进行规定的次数。另一侧腿拉伸时也是同样的动作要求。

STEP 01

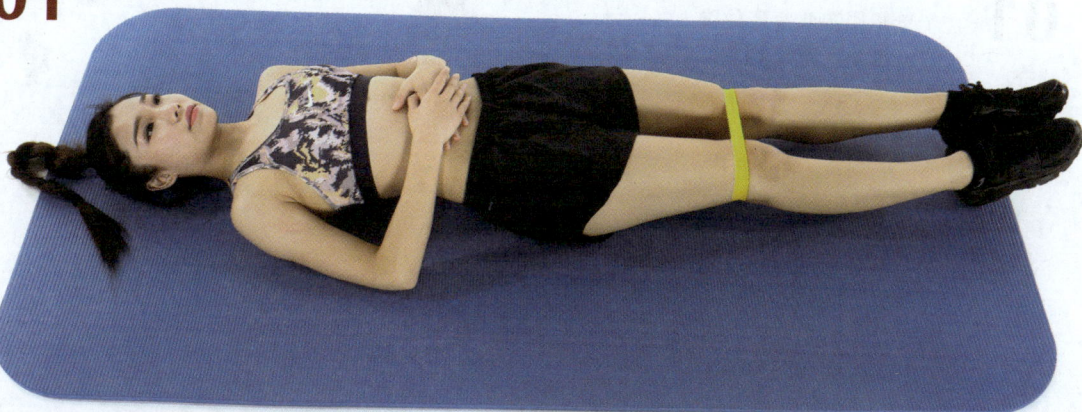

STEP 02

单侧髋抗阻外展

弹力带 – 仰卧 – 股后肌群拉伸

Resistance Band–Lying–Hamstring Stretch

目标肌群
Primary Targets
股后肌群

指导要点
Tips
保持呼吸，不要闭气。

动作步骤 Execution

01 身体仰卧于垫上，一侧腿向上抬起至髋关节呈90度角且小腿与地面呈45度角，将弹力带一端绕过足底固定，双臂向上弯曲，使双手紧握弹力带另一端置于膝关节上，保持弹力带有一定张力。

02 保持躯干姿势不变，双臂向下拉伸弹力带，同时弯曲的小腿向上抬起至膝关节完全伸直。

01 恢复至起始姿势，重复进行规定的次数。另一侧腿拉伸时也是同样的动作要求。

STEP 01

单侧屈髋双手握住弹力带放在膝关节上

STEP 02

拉伸股后肌群 趾膝关节伸直

双臂后拉

弹力带 – 仰卧 – 阔筋膜张肌拉伸

Resistance Band–Lying–Tensor Fascia Lata Stretch

目标肌群
Primary Targets
阔筋膜张肌

指导要点
Tips
保持呼吸，不要闭气。

动作步骤 Execution

01 身体仰卧于垫上，双臂伸展于体侧，将弹力带一端绕过踝关节固定，对侧手紧握弹力带另一端，另一侧腿向上弯曲，脚置于对侧膝关节的外侧，保持弹力带有一定张力。

02 保持躯干姿势不变，手臂发力拉伸弹力带，使环绕弹力带的腿向内伸展至外侧有牵拉感。

01 保持该姿势达到规定的时间。另一侧腿拉伸时也是同样的动作要求。

STEP 01

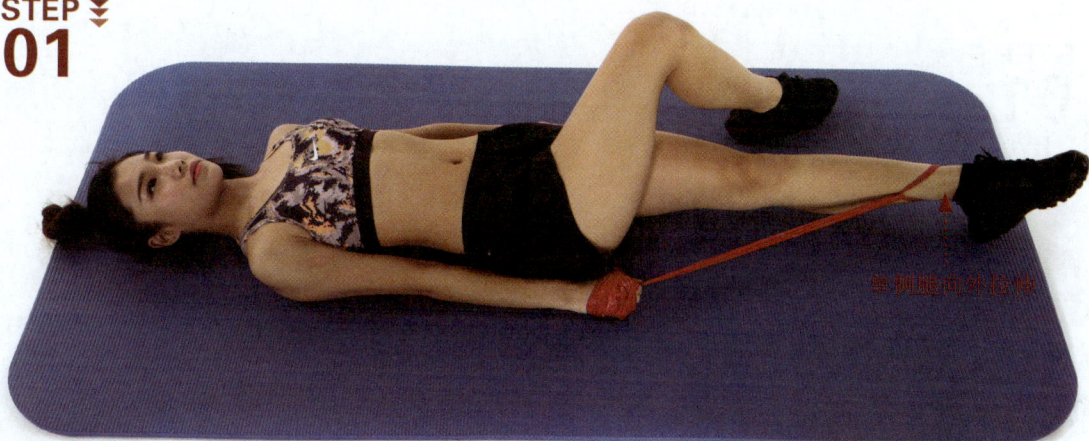

单侧腿向外伸展

STEP 02

单侧膝关节弯曲支撑于地面

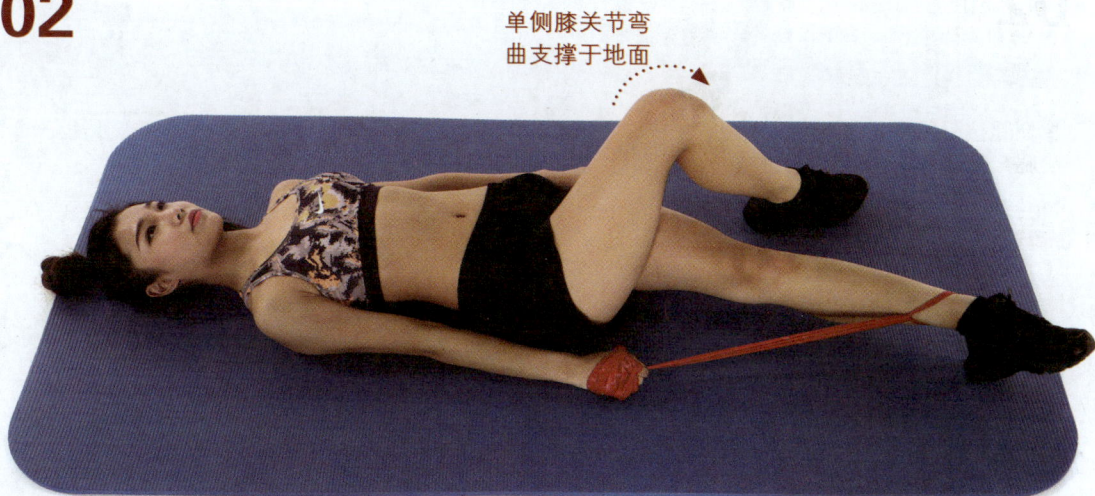

弹力带 – 俯卧 – 单侧屈膝
Resistance Band–Prone–Single Knee Flexion

目标肌群
Primary Targets
腘绳肌

指导要点
Tips
保持核心收紧
和身体稳定。

动作步骤 Execution

01 身体俯卧于垫上，双臂向上弯曲置于头顶，双腿伸直，将弹力带一端绕过一侧踝关节固定，弹力带另一端固定在脚后等高的其他物体上，保持弹力带有一定张力。

02 保持躯干姿势不变，环绕弹力带的腿向上抬起拉伸弹力带至小腿与地面垂直。

01 恢复至起始姿势，重复进行规定的次数。另一侧腿拉伸时也是同样的动作要求。

STEP 01

STEP 02

单侧腿抗阻屈膝至
小腿与地面垂直

90°

弹力带 – 侧卧 – 单侧伸膝

Resistance Band–Lateral Lying–Single Knee Extension

目标肌群
Primary Targets
股四头肌

指导要点
Tips
保持核心收紧和身体稳定。

动作步骤 Execution

01 身体侧卧于垫上，下侧手臂向上弯曲并用手支撑头部，上侧手臂弯曲置于身前，下侧腿伸直，将弹力带一端绕过上踝关节固定，使小腿向后弯曲至膝关节呈90度角，弹力带另一端固定在身后等高的其他物体上，保持弹力带有一定张力。

02 保持躯干姿势不变，上侧小腿向前拉伸弹力带至腿部完全伸直，双腿平行。

01 恢复至起始姿势，重复进行规定的次数。另一侧腿拉伸时也是同样的动作要求。

STEP 01

上侧腿膝
关节弯曲

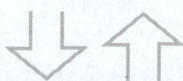

STEP 02

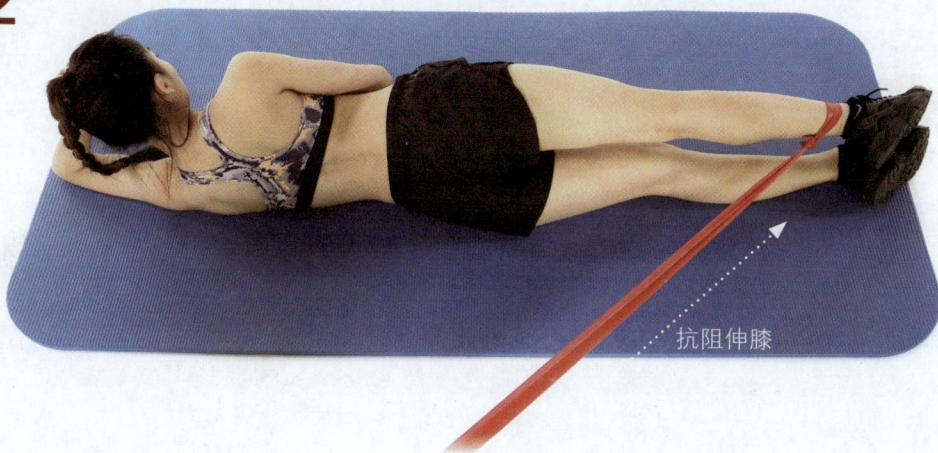

抗阻伸膝

迷你带 – 侧卧 – 单侧髋外展

Mini Resistance Band–Lateral Lying–Single Hip Abduction

目标肌群
Primary Targets
髋外展肌群

指导要点
Tips
保持膝关节伸直和身体稳定。

动作步骤 Execution

01 身体侧卧于垫上，下侧手臂向上弯曲并用手支撑头部，上侧手臂弯曲置于腰部，双腿伸直，将环状迷你弹力带绕过双腿膝关节上方，保持弹力带有一定张力。

02 保持躯干姿势不变，上侧腿向上拉伸弹力带至双腿夹角为45度。

01 恢复至起始姿势，重复进行规定的次数。另一侧腿拉伸时也是同样的动作要求。

STEP 01

STEP 02

▲ 上侧腿垂直外展

第7章

全身及爆发力训练

弹力带 – 深蹲后拉
Resistance Band–Squat–Pull Back

STEP 01

目标肌群 Primary Targets
斜方肌、背阔肌、臀大肌、股四头肌、腘绳肌

指导要点 Tips
下蹲时重心后移，膝关节不超过脚尖。保持肩胛骨稳定。

动作步骤 Execution

01 身体直立，双脚分开，与肩同宽，双臂向前下方伸展，双手分别紧握弹力带两端，弹力带中间固定在面前等高的其他物体上，保持弹力带有一定张力。

02 身体下蹲至大腿与地面接近平行，同时双臂向后拉伸弹力带至双手到达接近胸部的位置。

01 恢复至起始姿势，重复进行规定的次数。

STEP 02

双臂拉至身体两侧

深蹲

大腿与地面平行

弹力带 – 深蹲前推
Resistance Band–Squat–Chest Press

STEP ▶▶▶
01

目标肌群 Primary Targets
股四头肌、腘绳肌、臀大肌、胸大肌、三角肌前束

指导要点 Tips
下蹲时重心后移，膝关节不超过脚尖。

动作步骤 Execution

01 身体直立，双脚分开，与肩同宽，双臂向上弯曲至肘关节呈90度角，双手分别紧握弹力带两端，弹力带中间固定在身后等高的其他物体上，保持弹力带有一定张力。

02 身体下蹲至大腿与地面接近90度角，同时躯干向前倾斜，双臂向前拉伸弹力带至双臂与地面平行。

01 恢复至起始姿势，重复进行规定的次数。

STEP ⌄
02

双臂前推至肘关节伸直

大腿与地面

深蹲

弹力带 – 分腿蹲 – 弯举
Resistance Band–Split Squat–Curl

目标肌群 Primary Targets
肱二头肌、臀大肌、股四头肌、腘绳肌

指导要点 Tips
重心放置在前脚上。下蹲时膝盖尽量不超过脚尖。

动作步骤 Execution

01 上身直立，单腿向前跨步，使双腿分开适当距离，前脚踩住弹力带中间，双臂自然下垂，双手分别紧握弹力带两端，保持弹力带有一定张力。

02 前臂向上弯曲至肘关节呈90度角，同时身体下蹲至前侧大腿与地面平行，后侧大腿与地面垂直。

01 恢复至起始姿势，重复进行规定的次数。另一侧腿向前跨步时也是同样的动作要求。

双臂弯举

下蹲

弹力带 – 分腿蹲 – 后拉
Resistance Band–Split Squat–Pull Back

目标肌群
Primary Targets

斜方肌、背阔肌、股四头肌、腘绳肌、臀大肌

指导要点
Tips

保持核心收紧和身体稳定。下蹲时膝盖尽量不超过脚尖。

动作步骤 Execution

01 上身直立，单腿向前跨步，使双腿分开适当距离，双臂前平举，双手紧握弹力带两端，弹力带中间固定在面前等高的其他物体上，保持弹力带有一定张力。

02 双臂向后拉伸弹力带至肘关节呈90度角，同时身体下蹲至前侧大腿与地面平行，后侧大腿与地面垂直。

01 恢复至起始姿势，重复进行规定的次数。另一侧腿向前跨步时也是同样的动作要求。

STEP ▶▶▶ 01

STEP ▶▶▶ 02

双臂同时后拉弹力带

下蹲

205

弹力带 – 深蹲跳

Resistance Band–Squat Jump

目标肌群 Primary Targets
股四头肌、臀大肌、腘绳肌、小腿三头肌、三角肌、斜方肌、核心肌群

指导要点 Tips
下蹲时重心后移，膝关节不超过脚尖。

动作步骤 Execution

01 躯干向前倾斜，身体半蹲至大腿与地面约呈45度角，双脚分开，与肩同宽，双臂伸展于体侧，双手分别紧握弹力带两端，弹力带中间固定在面前等高的其他物体，保持弹力带有一定张力。

02 双臂快速向上摆动至超过头顶，身体随之直立，双脚蹬地，使身体向上跳起。

01 恢复至起始姿势，重复进行规定的次数。

STEP 01

STEP 02

迅速向上跳

弹力带 – 爆发力上台阶
Resistance Band—Step Up

STEP ▶▶▶ 01

目标肌群 Primary Targets
核心肌群、股四头肌、腘绳肌、臀大肌

指导要点 Tips
爆发力动作衔接连贯，保持身体稳定。

动作步骤 Execution

01 身体站立于跳箱之前，一侧腿屈髋屈膝，脚支撑于跳箱之上，同侧手臂向后弯曲，另一侧腿伸展，脚支撑于地面，同侧手臂向前弯曲，双手握拳，将弹力带中间绕过腰部，弹力带两端固定在身后等高的其他物体上，保持弹力带有一定张力。

02 保持上身直立，立于跳箱的腿快速向上伸展，身体随之向上移动，立于地面的腿上提并向前弯曲至大腿与地面平行，双臂也随之反向摆动呈交换姿势。

01 恢复至起始姿势，重复进行规定的次数。另一侧腿站于跳箱时也是同样的动作要求。

STEP ▶▶▶ 02

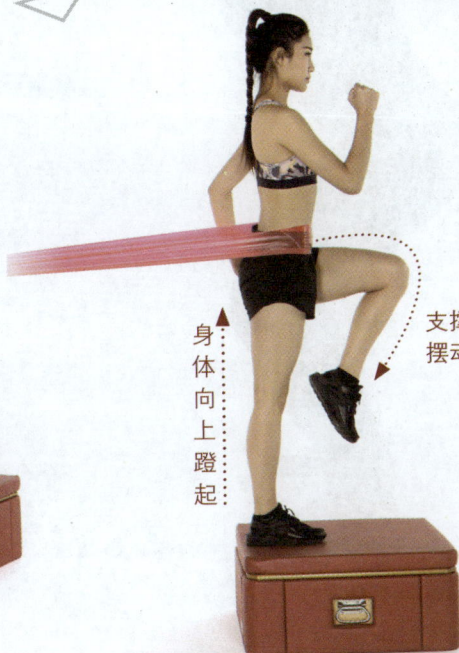

身体向上蹬起

支撑腿单腿站立摆动腿呈军步姿

弹力带 – 阻力垂直跳
Resistance Band–Longitudinal–Jump Up

目标肌群 Primary Targets
股四头肌、腘绳肌、小腿三头肌、臀大肌

指导要点 Tips
保持核心收紧和身体稳定。

动作步骤 Execution

01 躯干向前倾斜，身体略微下蹲且双脚分开，与肩同宽，双臂伸展置于体侧，将弹力带中间绕过腰部，弹力带两端固定在身后等高的其他物体上，保持弹力带有一定张力。

02 双臂向上摆动至超过头顶，躯干直立，双脚蹬地，使身体竖直向上跳起。

01 恢复至起始姿势，重复进行规定的次数。

STEP ⏬
01

STEP ⏬
02

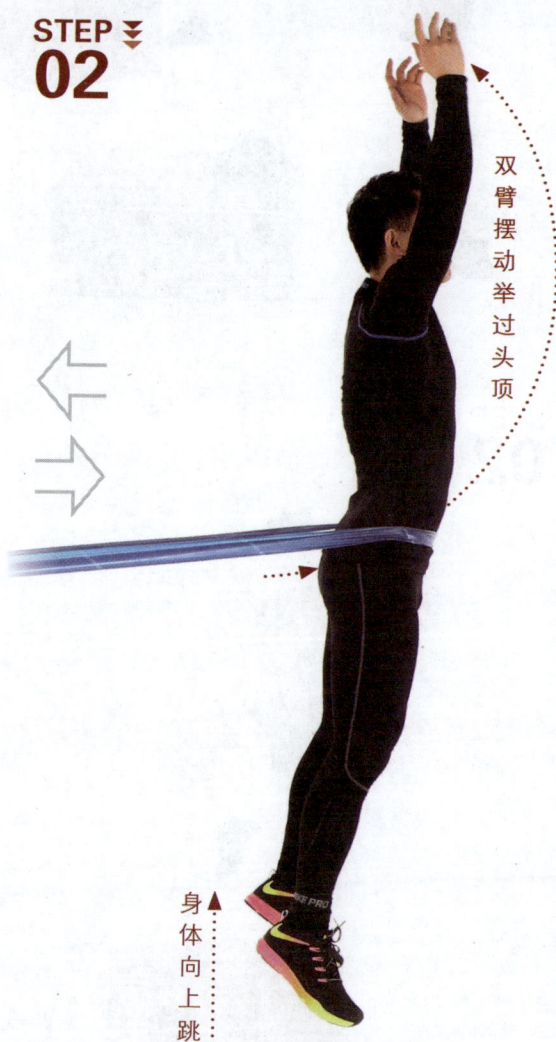

双臂摆动举过头顶

身体向上跳

弹力带 – 跳跃踢臀
Resistance Band–Jump Up–Mention Hip

目标肌群 Primary Targets
股四头肌、腘绳肌、小腿三头肌、臀大肌

指导要点 Tips
保持核心收紧和身体稳定。

动作步骤 Execution

01 躯干向前倾斜，身体略微下蹲且双脚分开，与肩同宽，双臂伸展置于体侧，将弹力带中间绕过腰部，弹力带两端固定在身后等高的其他物体上，保持弹力带有一定张力。

02 双臂向上摆动并弯曲至手部到达头部前方，躯干直立，双脚蹬地，使身体向上跳起，同时双腿向后弯曲至足跟接触臀部。

01 恢复至起始姿势，重复进行规定的次数。

STEP 01

STEP 02

双臂摆动

身体向上跳，双足根触碰臀部。

弹力带 – 阻力跳箱
Resistance Band–Box Horse–Resistance

目标肌群
Primary Targets

核心肌群、股四头肌、腘绳肌、小腿三头肌

指导要点
Tips

爆发力动作衔接连贯，保持身体稳定。

动作步骤 Execution

01 身体站立于跳箱之前，躯干向前倾斜，身体半蹲至大腿与地面约呈45角，双脚分开，与肩同宽，双臂伸展于体侧，将弹力带中间绕过腰部，弹力带两端固定在身后等高的其他物体上，保持弹力带有一定张力。

02 ~ 03 双臂快速向上弯曲摆动至头部，躯干随之直立，双脚蹬地，使身体向上并向前跳上跳箱，之后恢复躯干倾斜、身体半蹲、双臂伸展的姿势。

01 恢复至起始姿势，重复进行规定的次数。

STEP **01**

STEP **02**

STEP **03**

抗阻起跳

双脚落在跳箱上

弹力带 – 站姿 – 爆发力前推
Resistance Band–Standing–Chest Press–Explosive Force

STEP ▶▶▶
01

目标肌群 Primary Targets
胸大肌、三角肌前束

指导要点 Tips
爆发力动作衔接连贯，保持身体
稳定。

动作步骤 Execution

01 身体直立，双脚分开，与肩
同宽，双臂向上抬起至与地面
平行，前臂弯曲至肘关节呈
90度角并分别紧握弹力带的
两端，弹力带的中间固定在
身后等高的其他物体上，保
持弹力带有一定张力。

02～03 保持身体姿势不变，双臂快
速向前拉伸弹力带至手臂完
全伸直，保持手臂和弹力带
始终与地面平行。

01 恢复至起始姿势，重复进行
规定的次数。

STEP ▶▶▶
02

双臂向前推 ▶

STEP ▶▶▶
03

推至肘关
节伸直 ▶

第8章

训练计划

训练计划制定原则

（1）在设计训练计划之前，应该了解练习者的需求并对其进行全面的身体评估。一般情况下，需求包括训练目标、训练频率及训练时间等；身体评估包括基本健康状况（是否有损伤及损伤的原因）、当前身体状态及运动表现能力等。对训练需求与身体测试结果的评估与分析将直接影响训练计划的制定与实施。

（2）计划要全面均衡，各项身体素质（力量、耐力、柔韧性和灵活性等）的动态、静态练习以及开链、闭链练习都要涉及。此外，身体上下肢、前后侧以及躯干部位的训练都要包含在计划内，避免不平衡训练带来的动作模式欠佳、不良体态及运动损伤等。

（3）采用适当的训练量和强度。对训练计划的关键变量（如训练组数、重复次数、间歇时间、训练频率及负荷）要严格监控。

（4）计划要具有进阶性，训练应该从简单到复杂，根据身体对训练刺激的适应程度循序渐进。进阶则意味着进步，通过调整训练变量来逐渐提高练习者的身体素质或运动表现。

训练节奏与间歇

训练动作固然重要，但训练时的动作节奏与间歇时间也是成功与否的关键。我们通常把动作节奏定义为某些数字，如果动作的离心阶段是2秒，等长阶段是2秒，向心阶段是1秒，则节奏表示为2-2-1。例如进行深蹲练习时，身体从站姿向下蹲的过程为2秒，到达最低位置时保持2秒，从深蹲姿势到站立过程为1秒。训练目的不同，动作节奏也不同。

间歇时间是指两组练习之间或者两个动作之间的间隔时间，它决定着训练的强度。当练习者逐渐适应了训练计划以后，就可以缩短组间或者动作之间的休息时间，从而提高训练强度。而如果我们采用更大的训练负荷时，那么间歇时间会相应地增加，让机体有更充分的恢复时间，这样能够有效地避免过度训练以及可能带来的运动损伤。

不同人群训练计划

（1）低头族

现今，在地铁、公交车里可以看到，上班族几乎个个都作"低头看屏幕"状，有的看手机，有的掏出平板电脑上网、玩游戏、看视频，每个人都想通过盯住屏幕的方式，把零碎的时间填满。这部分人群被称为"低头族"。

这种生活方式不仅影响到人与人之间的正常交流，更是严重损害着人体健康。对低头族来说，长时间低头玩手机、平板电脑等容易造成颈肩部肌肉僵硬、痉挛，最容易引发的危害就是颈椎疾病。长此以往，人体形态从外观上看可能会表现为圆肩、驼背、颈前探，从解剖生理层面讲，会使颈椎的生理曲度变直，导致脑供血、供氧不足，产生失眠、情绪烦躁、头晕目眩等症状。科学锻炼可以有效改善长期低头带来的颈部僵硬，缓解颈部疼痛。

动作	组数	次数或时长	练习节奏	间歇时间	页码
弹力带－站姿－单臂水平外旋	2组	10次	2-2-1	无	34
弹力带－站姿－双肩外旋	2组	15次	2-1-1	30秒	35
弹力带－站姿－肩胛骨运动	2组	15次	有控制、匀速	30秒	38

动作	组数	次数或时长	练习节奏	间歇时间	页码
弹力带－瑞士球－俯卧－肩关节过顶前屈	2组	10次	2-2-1	45秒	52
弹力带－站姿－Y字激活	1组	8次	1-2-1	无	41
弹力带－站姿－T字激活	1组	8次	1-2-1	无	42
弹力带－站姿－W字激活	1组	8次	1-2-1	无	43
弹力带－半跪姿－挺身	2组	12次	1-1-1	30秒	157

（2）跑步爱好者

跑步逐渐成为一种流行的健身与生活方式。跑步带来的益处包括预防疾病、增强肺活量、促进健康以及使人精力充沛等。但是，许多人对跑步狂热追求的同时，却忽视了其可能对人体关节产生的不良影响，尤其是那些一年中参加多场马拉松赛事（迷你、半程、全程）的跑步爱好者、跑步姿势不正确的初级跑者以及力量基础差的跑者，他们出现膝盖、脚踝疼痛的概率更高。下面的训练计划是针对跑步爱好者制定的，可以有效提高跑者专项体能。

动作	组数	次数或时长	练习节奏	间歇时间	页码
弹力带 – 仰卧 – 双腿臀桥	2组	10次	2-3-1	30秒	138
弹力带 – 侧桥	2组	45秒	静态保持	30秒	139
弹力带 – 弓步平衡	2组	60秒	静态保持	30秒	140

动作	组数	次数或时长	练习节奏	间歇时间	页码
弹力带－双腿半蹲	2 组	15 次	1-0-1	45 秒	160
迷你带－半蹲－侧向走	1 组	10 米	有控制、匀速	无	169
迷你带－半蹲－直线走	1 组	10 米	有控制、匀速	无	170
弹力带－坐姿－单侧踝背屈	2 组	15 次	2-2-1	无	186
弹力带－站姿－双脚提踵	2 组	10 次	5-1-1	60 秒	181

（续表）

动作	组数	次数或时长	练习节奏	间歇时间	页码
 迷你带 – 登山练习	2 组	8 次	有控制、匀速	60 秒	145

（3）"996"工作者

"996"是用来表示工作时间的词汇，具体是指早上 9 点上班，晚上 9 点下班，一周工作 6 天，体现了现在上班族繁忙的工作状态。在这种情况下，大多数人可能会出现骨盆前倾、腰椎过度前伸、肩背部僵硬等身体问题，更糟糕的是他们不会有很多的时间去健身房锻炼来改善不良的身体状况。因此，此类人群一定要注意科学锻炼。下面的计划简单、方便，却能很有效地避免产生不良体态以及缓解各种身体僵硬。

动作	组数	次数或时长	练习节奏	间歇时间	页码
 弹力带 – 仰卧 – 双腿臀桥	2 组	10 次	2–3–1	30 秒	138
 弹力带 – 仰卧 – 单腿蹬	2 组	12 次	2–2–1	无	193

动作	组数	次数或时长	练习节奏	间歇时间	页码
弹力带－四点支撑－髋关节三方向激活	2组	5次	有控制、匀速	30秒	147
弹力带－站姿－单侧髋后伸	2组	10次	1-2-1	无	173
弹力带－站姿－单侧肩关节外旋	2组	8次	1-1-1	无	32
迷你带－站姿－肩关节三方向激活	2组	5次	有控制、匀速	30秒	134

（续表）

动作	组数	次数或时长	练习节奏	间歇时间	页码
弹力带－站姿－风车练习	2 组	10 次	2-0-1	无	134
弹力带－双腿－反向平板	2 组	60 秒	静态保持	45 秒	144

局部强化训练计划

　　针对身体主要部位进行专门的强化训练，有助于打磨弹力带训练动作技术、体会发力感觉、提高身体薄弱肌群的力量，并实现快速局部塑形的目标。该系列训练计划适合初级训练者，也可以作为中、高级训练者的补充训练计划。

（1）手臂

动作	组数	次数或时长	练习节奏	间歇时间	页码
弹力带－训练椅－双侧臂屈伸	2 组	8 次	1-0-1	60 秒	126

动作	组数	次数或时长	练习节奏	间歇时间	页码
弹力带－站姿－双臂弯举	3 组	12 次	1-2-1	60 秒	113
弹力带－站姿－双臂过顶臂屈伸	3 组	12 次	1-2-1	60 秒	108
弹力带－坐姿－单侧屈腕练习	2 组	15 次	2-2-1	30 秒	123
弹力带－坐姿－单侧伸腕练习	2 组	15 次	2-2-1	30 秒	122

（续表）

动作	组数	次数或时长	练习节奏	间歇时间	页码
弹力带－站姿－双臂反向弯举	2 组	15 次	1-2-1	60 秒	117
弹力带－俯身－双侧臂屈伸	2 组	15 次	1-2-1	60 秒	111
弹力带－站姿－前臂旋前	2 组	15 次	有控制、匀速	30 秒	121

（2）肩背

动作	组数	次数或时长	练习节奏	间歇时间	页码
弹力带－站姿－反向飞鸟	2 组	12 次	2-2-1	45 秒	92

动作	组数	次数或时长	练习节奏	间歇时间	页码
弹力带－站姿－双臂肩上推举	3 组	10 次	1-0-1	60 秒	27
弹力带－站姿－双臂前平举	2 组	10 次	2-2-1	60 秒	20
弹力带－半跪姿－挺身	2 组	15 次	1-1-1	30 秒	157
弹力带－跪姿－斜角下拉	3 组	10 次	2-2-1	30 秒	95

动作	组数	次数或时长	练习节奏	间歇时间	页码
 弹力带－坐姿－直腿后拉	2组	12次	1－0－1	45秒	96
 弹力带－站姿－弓步－水平外展	2组	12次	1－2－1	45秒	26
 弹力带－站姿－双臂高位后拉	2组	10次	1－2－1	45秒	84

（3）胸部

动作	组数	次数或时长	练习节奏	间歇时间	页码
 弹力带－站姿－爆发力前推	2组	8次	有控制、快速	60秒	211

动作	组数	次数或时长	练习节奏	间歇时间	页码
弹力带 - 俯卧撑	3 组	12 次	1-0-1	60 秒	182
弹力带 - 瑞士球 - 仰卧 - 飞鸟	2 组	15 次	2-1-1	45 秒	79
弹力带 - 哑铃 - 仰卧 - 双臂胸前推	2 组	10 次	2-0-1	60 秒	80
弹力带 - 站姿 - 交替胸前斜上推	2 组	8 次	1-0-1	30 秒	67
弹力带 - 弓步 - 斜下推	2 组	8 次	2-1-1	30 秒	70

动作	组数	次数或时长	练习节奏	间歇时间	页码
 弹力带－站姿－肩关节单臂水平内收	2组	15次	2-2-1	30秒	63

（4）臀腿

动作	组数	次数或时长	练习节奏	间歇时间	页码
 弹力带－阻力跳箱	2组	10次	有控制、快速	60秒	210
 弹力带－阻力－动态分腿蹲	2组	8次	2-2-1	30秒	166
 弹力带－站姿－双腿硬拉	3组	12次	2-1-1	60秒	172

（续表）

动作	组数	次数或时长	练习节奏	间歇时间	页码
 弹力带－深蹲	3组	12次	2-1-1	60秒	159
 弹力带－爆发力上台阶	2组	6次	有控制、快速	60秒	207
 弹力带－站姿－单侧髋内收	2组	15次	3-2-1	30秒	177
 弹力带－站姿－单侧髋外展	2组	15次	3-2-1	30秒	128

（续表）

动作	组数	次数或时长	练习节奏	间歇时间	页码
弹力带 – 站姿 – 双脚提踵	2 组	10 次	5-1-1	60 秒	181
弹力带 – 坐姿 – 单侧踝背屈	2 组	10 次	5-1-1	无	186

（5）腰腹

动作	组数	次数或时长	练习节奏	间歇时间	页码
弹力带 – 侧桥	1 组	60 秒	静态保持	无	139
弹力带 – 站姿 – 躯干旋转	2 组	12 次	有控制、匀速	30 秒	136

动作	组数	次数或时长	练习节奏	间歇时间	页码
弹力带－仰卧－卷腹	2 组	15 次	有控制、匀速	30 秒	153
弹力带－半跪姿－挺身	2 组	15 次	2-1-1	30 秒	157
弹力带－旋转下砍	2 组	10 次	有控制、匀速	30 秒	131
弹力带－旋转上提	2 组	10 次	有控制、匀速	30 秒	130
弹力带－单腿－反向平板	2 组	45 秒	静态保持	45 秒	144

运动表现提升训练计划

（1）激活热身

在竞技体育和大众健身领域，为防止运动损伤，需要在高强度训练前唤醒和激活肌肉中的本体感受器，加强身体关节的位置感觉，协调肌肉用力程度。热身可以使身体温度升高，降低肌肉的粘滞性，增加肌肉弹性和延展性，从整体上提升运动表现。

动作	组数	次数或时长	练习节奏	间歇时间	页码
迷你带 – 半蹲 – 直线走	1组	10米	有控制、匀速	无	170
迷你带 – 半蹲 – 侧向走	1组	10米	有控制、匀速	无	169
迷你带 – 四点支撑 – 肩关节画圈激活	1组	30秒	有控制、匀速	无	58

动作	组数	次数或时长	练习节奏	间歇时间	页码
 弹力带－侧桥	1 组	60 秒	静态保持	无	139
 弹力带－仰卧－双腿臀桥	1 组	10 次	有控制、匀速	无	138
 弹力带－站姿－Y 字激活	1 组	10 次	有控制、匀速	无	41
 弹力带－站姿－T 字激活	1 组	10 次	有控制、匀速	无	42

（续表）

动作	组数	次数或时长	练习节奏	间歇时间	页码
弹力带 – 站姿 –W 字激活	1 组	10 次	有控制、匀速	无	43

（2）稳定性提升

运动表现提升是一个循序渐进的过程，而其中最基础的是稳定性训练，如果身体稳定性下降，就会导致肌肉收缩效率降低。通过增强肩带、脊柱、骨盆的稳定性，可以有效提高力的传递效率，消除代偿动作，避免关节劳损，提高运动表现。

动作	组数	次数或时长	练习节奏	间歇时间	页码
迷你带 – 登山练习	2 组	30 秒	有控制、匀速	30 秒	145
弹力带 – 瑞士球 – 俯卧 – 肩关节过顶前屈	2 组	12 次	2-2-1	45 秒	52

动作	组数	次数或时长	练习节奏	间歇时间	页码
弹力带－站姿－侧方阻力平衡	2组	30秒	静态保持	无	142
弹力带－四点支撑－髋关节三方向激活	2组	8次	有控制、匀速	30秒	147
弹力带－单腿静力	2组	30秒	静态保持	无	163
弹力带－站姿－单臂稳定上提－外固定	2组	15次	有控制、匀速	无	50

（续表）

动作	组数	次数或时长	练习节奏	间歇时间	页码
 弹力带－站姿－单臂稳定下砍－外固定	2 组	15 次	有控制、匀速	无	51
 弹力带－站姿－肩胛骨运动	2 组	12 次	有控制、匀速	30 秒	38

（3）全身运动

人是一个有机的整体，从功能解剖学上讲，人体各部位肌肉都通过筋膜组织相互连接，某一区域肌肉收缩产生的能量会通过肌筋膜网状结构传递到另一个区域，这就是身体的动力链及能量传递过程。通常情况下，训练者往往只追求不同肌肉的做功能力，却忽视了这种力的传递。而进行多关节、多平面的全身复合训练能够有效锻炼上下肢的衔接能力，提高核心向四肢传递能量的能力，使运动变得更整体，最大效率地发展身体素质。

动作	组数	次数或时长	练习节奏	间歇时间	页码
 弹力带－跳跃踢臀	2 组	8 次	快速	60 秒	209

动作	组数	次数或时长	练习节奏	间歇时间	页码
弹力带 – 深蹲跳	2 组	8 次	快速	60 秒	206
弹力带 – 深蹲后拉	3 组	12 次	2-2-1	60 秒	202
弹力带 – 弯举 – 分腿蹲	2 组	10 次	2-1-1	45 秒	164
弹力带 – 旋转下砍	2 组	8 次	快速	30 秒	131

（续表）

动作	组数	次数或时长	练习节奏	间歇时间	页码
 弹力带 – 旋转上提	2 组	8 次	快速	30 秒	130
 弹力带 – 深蹲前推	3 组	10 次	2-0-1	60 秒	203

作者简介

崔雪原

北京体育大学体育教育训练学（体能训练方向）硕士；国家体育总局训练局体能康复中心体能训练师；国家体育总局备战 2012 伦敦奥运会身体功能训练团队成员；曾经担任帆板世界冠军、中国国家帆船帆板队队员陈佩娜私人体能教练及八一羽毛球队体能教练；为游泳、羽毛球、排球和篮球等项目的国家队提供过体能测试与训练服务；参与编写《身体功能训练动作手册》；译有《NASM-PES 美国国家运动医学学会运动表现指南（第 2 版）》。

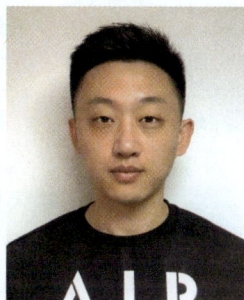

在线视频访问说明

本书提供了最后一章训练计划的在线视频，您可通过微信"扫一扫"，扫描下方的二维码进行观看。

步骤 1

点击微信聊天界面右上角的"+"，弹出功能菜单（图 1）。

步骤 2

点击弹出的功能菜单上的"扫一扫"，进入该功能界面，扫描右侧的二维码。

步骤 3

如果您未关注微信公众号"人邮体育"，扫描后会出现"人邮体育"的二维码。请根据说明关注"人邮体育"，并点击"资源详情"（图 2），观看视频（图 3）。

如果您已关注微信公众号"人邮体育"，扫描后可直接观看视频（图 3）。

图 1

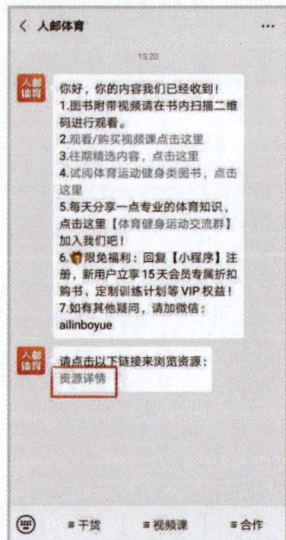

图 2

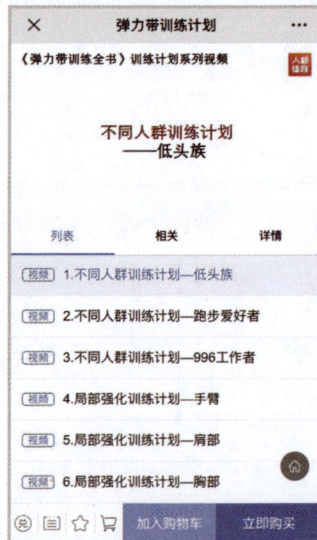

图 3